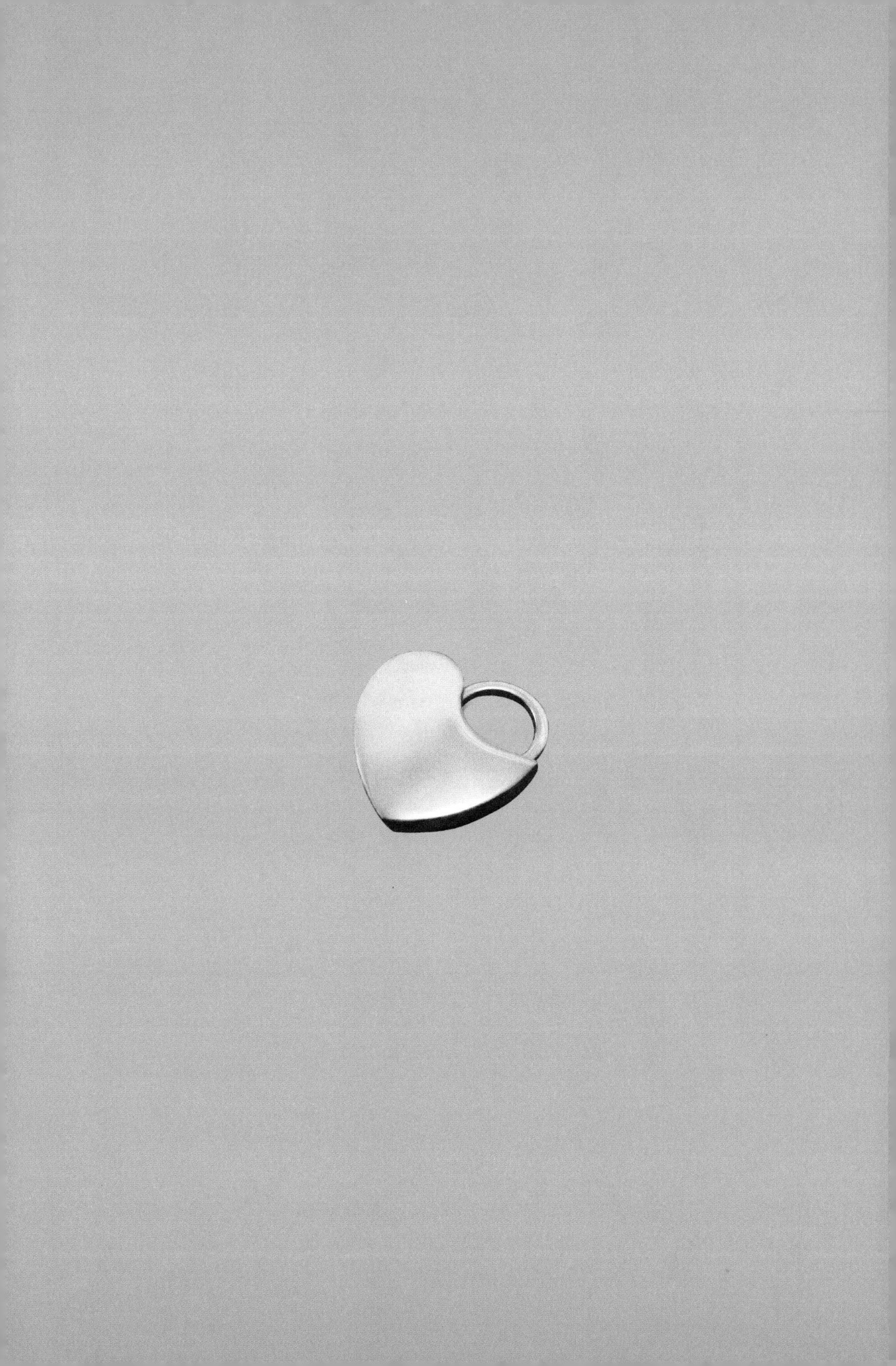

幸福的起點：

一個人，不寂寞。

劉凱西

面對愛情的一種方式及領悟

這是凱西的第一本書，雖然我很不習慣稱呼她這個名字，但她身分多重，所以可以接受。

認識她，其實是我自己的電影公司那年要拍攝自資自製的電影，她是隨片宣傳，後來影片完成，她就留在公司負責宣傳發行上的工作，直到她又出發去長途旅行為止。

這個女孩，好吧！我好像要寫（女人），其實是很有想法，也有膽試，喜歡寫字，喜歡美食，唯一缺點就是成天宣稱需要愛情，需要好男人～

是的，所以我常常說，這世代，女人的力量，好男人沒有眼光，好男人都去愛好男人了，沒辦法。

這幾年，看了她不少發表的文章，其實她是不知不覺自我創造的人格特質，逐漸的一直在轉變，她延續性充滿各式能量的文字抒發，不管是對電影、旅行、生活情感、周遭環境，現在又延伸到居家花草等等，逐漸成為劉女子的一種風格。

看她寫的故事，某種程度可以說是一種代替性的心情抒發，所以鼓勵她繼續寫作。對我來說，文字創作是沒有分界的，也無所謂形式，只有好看不好看，一樣的道理，兩性相處，男與女，這個世界上總有無數的愛情激情感情產生，凱西從生活中從朋友間，醞釀了許多兩性都會故事。看著看著，偶爾似曾相識，從字裡行間還是可以找到她對人世間的兩性觀察，似乎也是她對於愛情現象的某種註解吧。

嗯！

既然是心靈寫實短篇文章，她又是從十歲起，就開始動筆奇想，開啟寫作的欲望，開啟了她對愛情的渴望，也是每個人永遠會面對的愛情課題。

所以建議關於對愛情迷惘，迷惑或是不小心迷路找不到答案的眾生男女，來看這本《幸福的起點：一個人，不寂寞》，也許真的會找到面對愛情的一種方式及領悟！

資深電影監製

葉如芬

熱烈愛過的證明

人生在世，需要無比的勇氣。生活如此、戀愛如此，寫作亦是。

每個女人到了三十歲後，總有個時鐘無情無義、在心中滴滴答答響，時刻提醒妳：妳是誰？誰是妳？很多時刻，想要做些事情，總是如浮光掠影般飄過。但總有些人，擁抱著堅定的信念，總是對自己尖酸刻薄的叩問，因而就此展開新局，或者，勇敢破局。

劉凱西，便是如此。

她一直是個浮雲遊子，在世界各地壯遊，在人生各種關卡中衝撞。她對自己相當苛刻，說穿了就是：要求很高。要求什麼我是不知道，但她總是不滿意現狀。當我覺得：「妳已經很好了」的時候，她總是眼睛一亮，找下一個目標前進，身為朋友只能她遠目護送。

是這樣的激情與鬥志，感動了我，如同觀看她的文章，屢屢給我新的啟發與感動。

她不只寫兩性，也旁及電影心得、時事評論，她總能用最特殊的視角，寫出最「激勵」

的文字。但如果，你以為她的文章就是教忠教孝、女人要自強、新好男人要溫柔……那種泛泛之輩的「激勵」，那就錯了！

這個女人，善於用冷嘲熱諷讓人拍案叫絕，當你覺得她酸到骨子裡時，她又會給你如同棉花糖般的溫柔體貼，不看到最後，常常摸不清楚她到底想說什麼？兩性的迷、文字的魅，原來可以如此跳躍，如此見底的苦、卻又達峰的甜。

但，她又是個極其單純的女人。別人說什麼，她就認真的相信，然後認真的喜歡著、感受著、痛恨著，書寫著。愛與恨，黑白分明，這樣的人生，是辛苦折磨，但也豐富多樣。

她，愛過很多人事物，但她最愛的是寫作。奉勸她日後的伴侶，不要驚動她的寫作時光，給予她自由；不要抱怨她的尖酸刻薄，因為那是她熱烈愛過的證明。

就像迎接孩子的問世，很高興劉凱西孵化的第一本書誕生，祝福她永遠這麼刻薄、永遠這麼熾熱！

台灣電影文化協會的執行長

陳伯任

一：關於愛情，我們總討論著，並且永遠不會停止。

020 **單身，不要怕。**
因為你的單身，其實只是尋找幸福的過程。

023 **最好的時候，遇見的你**
但每當有人這樣說時，我總想問：「那當我不好的時候，你是否還會與我在一起？」

026 **聰明女子的真心**
忘了是哪個作家說過，「再聰明的女人，遇上了愛情，都是傻的。」

030 **曖昧的不勇敢**
你說你喜歡曖昧的感覺，那是因為你還年輕。「曖昧」，是年輕人才玩得起的遊戲。

034 **幻想．戀愛**
幻想中的戀愛很美，甚至，比現實裡的愛情還美。只是把幻想當真的人啊，享受到的是自己，麻煩到的是別人。

038 **惱人的幸福肥**
幸福到底會不會讓人變肥？有了兩人世界就發福的人，就代表他「好幸福」？或許幸福肥是愛情其中一項大考驗……

042 **作媒，談何容易？**
不管要作媒還是找人作媒，可真都要想清楚，愛情就算不是一生一世的事，弄不好的話，中間牽線的那個人，可是會被人恨上一輩子的！

046 **親愛的，讓我養你吧！**
很多女人工作累的時候老愛說：「真想找個男人養我算了！」越是愛這樣說的女人，越不能把她們這些話當真。

050 這樣的男人，很MAN！
男人的MAN度，跟個頭與肌肉大小無關；對事情扛得起、放得下，不逃避、不畏縮，這樣的男子，才配稱為「真男人」！

054 貴重的愛情垃圾
相愛的時候，送的禮就算是百元商店裡的商品，也貴重若金；不愛的時候，你送我的金銀珠寶，比垃圾還不值。愛情走了，留下了一堆貴重的愛情垃圾……

二、就算是一個人，也能自在的愛。

060 住在行李箱裡的女人
愛情還沒有彼此承諾之前，是不該把太多的自己，押在對方身上。但你說，放在對方生命裡的東西，該有多少？或許不必太多，一只行李箱的大小剛剛好。

064 死神賦予的重生
假使愛情會死，也不要害怕，因為死過之後，就是重生了！

068 偷來的情，只是一扇狹窄的氣窗
情之所以讓人想偷，是因為巨大的現實壓得讓人喘不過氣，那偷來的情像是一扇氣窗，給予了新鮮空氣。

072 愛情的命相
算命，人老愛算愛情。難道，愛情真有自己的命相？如果有的話，那我們為什麼永遠看不清？

076 天長地久
她所有的道理背後，都埋著一道天長地久的傷口。

080 肉體
完美，其實讓人恐懼。因為完美是非人的。愛情容不下完美。愛情是缺陷的包容。

084 **欲望的避風港**
船隻靠岸，為的是再出發。它只是要個暫時的避風港，風雨過後，各奔東西。

087 **日子繼續過下去**
那些腦中小劇場裡所上演的情節，再劇力萬鈞、扣人心弦，都只是妄想，與其花時間在這上頭鑽研，不如泡杯茶、看本書，日子繼續過下去……

091 **理智的代價**
相信理智的人，其實比相信情感的人更加脆弱。他們比誰都需要溫柔的情感來融化。

095 **大女人的滋味**
大女人，的確強勢、獨立、自主，溫柔的部分，沒遇到好的人，她們不隨意奉上。她們不是酸甜好入口的調酒，是醇濃誠實的高檔威士忌。遇到懂得欣賞的行家，她們才能發光！

101 **第三者**
愛情，本來就是自私的？是啊，那又何必如此無私的成為他愛情拼圖裡隱藏版的第三者呢？

105 **只想在你身邊**
每一次對愛的否定，都更加深自己的愛意；自己愛得越深，就得更加否定心裡的那分愛意。簡直就是一場自己跟自己的戰爭。活得如此辛苦，又是何必呢？有愛，就算不敢說，至少對自己承認吧！

109 **幽魂的愛**
問你自己，既然他這麼愛你，那他怎麼捨得什麼都不給你？一切都能假裝不存在，就是標準的「跟鬼談戀愛」。只是誰是那個鬼？鬼故事都得看到最後，才會揭曉謎底……

113 **旅行中的白馬王子**
愛情，必須放在現實的生活中檢視，通過之後才能成立。脫離尋常生活軌道的他，遠離了無趣的日復一日，或許是個完美的男人，說不定回到了真實生活，所有缺陷一一顯現……

三、所有讓你心碎的愛情，都是讓你脫胎換骨的契機。

120 **分手**
只有分手受的傷，才能讓你重新領悟什麼事愛情，而真正的分手，是要心甘情願的告別過去。

123 **眼淚**
人會說「偷情」，不會講「偷愛」。為偷情而流的眼淚，都是白流，只有當你痛下決心斬斷一切時的那行淚例外，至少，那還能灌溉你仍有希望的將來。

127 **無分的情人**
所謂的「錯過」，其實沒什麼值得惋惜。看清一切，瀟灑離開，也許是個好方法，因為至少你做出了選擇。

132 **愛情幻象烏托邦**
戀情才剛起頭，人都沒摸熟，就期待兩人會「王子與公主從此過著幸福快樂的日子」，童話故事也從來不能當真，懷抱希望是沒有什麼不好，但愛情總得腳踏實地，透過相處累積，心存幻想，通常沒啥好下場。

136 **因為你曾經放棄我**
明明很愛你，卻依然決定要放棄你？真正能給你幸福的人，是那個願意疼惜你的人，只有在乎你感受的愛，才能稱得上真愛。

140 **不能自己的感情**
所謂的「不能自己」，其實就是無法控制自己。假使一個人劈腿的理由，是他的感情真的不能自己，那他生命裡究竟那一塊可以自己處理？

144 **我跟我所愛的自己**
你是否仔細看過，自己在愛情裡的模樣？是開心、是疲憊、是困乏，還是無可奈何？每個人在愛情裡，都會有一種樣貌，卻忽略了愛情裡的自己。你喜歡愛情裡的自己嗎？

148 **童話**

每個人的墮落，背後都有值得同情的理由。但不管之前的他再好，墮落之後拒絕改變，甚至還自怨自艾，扯東怪西，這時的他，早就不值得我們任何同情了，就連幫他拉出火坑的力氣都可以省了……

152 **愛我，請珍惜我**

愛情不是馴養與服從，也不是讓你濫用另一半的寵溺。當任性壓過了尊重，所有的情意也會漸漸擠壓殆盡。因為，真正的愛，必須被珍惜。

156 **跟蹤**

不想留下的人，是怎麼追都追不回的。「我只能愛他，我只要他」其實只是不安所產生的偏執，與其花時間去追那些不想回頭的人，不如花力氣去尋找之前那個快樂的自己。

160 **勝犬**

成敗有時，愛恨有時，今天的人生勝利組，難保不會一夕之間，成為愛情事業兩頭空的魯蛇。敗犬，曾經也有過驕傲的勝利；而勝犬，其實也等著衰敗的那天而已。沒有人有立場驕傲，因為驕傲，也有時。

四：愛情裡的雄性動物，有著不同的愛情血與淚。

166 **赤裸／類型：想愛，卻不敢愛的男人**

他想做的，不只是朋友。就算你為其他男人受遍了傷，他依然癡心守候，你還是無法愛他，因為你怕一旦愛了，你就會失去他。

170 **劣男／類型：明知自己不夠好，怕女人好過自己的自卑轉成了自大，變成了隻中空虛胖的假沙豬。**

那些會責怪自己女人太優秀，搞得他壓力很大的男人，內心一定有個很自卑的大黑洞。其實，我們應該給予這種男人同情，只是這種同情，是我們所能給予的極限了。

174 **無趣男／類型：無趣，不是他的錯，但他就受不了別人比他有趣，尤其是女人！**

男人無趣不代表他不好，承認自己無趣的人生，並且勇於接受其他人的帶領，開拓出人生其他有趣的可能性。但，男人再無趣，不代表會孤老一生；女人標準太高，單身一輩子的可能性，恐怕還比他高。

178 **離開你，才能被看見／類型：被人崇拜過了頭，忘了什麼是愛、什麼是崇拜的「超級偶像」。**

要讓這種男人看見自己的唯一方法，就是放棄對他的崇仰，當他發現自己少了崇拜的支撐，跌落到了跟女人同海拔的地表，他就能重新發現自己的女人了。而那個原本愛他的女人，可能已經跑了。

182 **那個微小的男人／類型：美其名熱愛藝文，實際上卻矯揉造作的小男人。**

熱愛藝文，喜好文創，崇尚風格，沒什麼不好。因為自己特殊的藝文品味，就對平凡人的喜好嗤之以鼻，甚至只是愚昧的追求不合常理的小確幸，這樣的小男人，別說讓女人放心了，女人搞不好會覺得：「這樣的男人，怪怪的。」

186 **劣質舊貨不回收／類型：老愛找前女友碎嘴現任女友的男人。**

前女友，似乎總是現任女友最大的敵人。但有誰問過那前女友，她難道真想把他回收？說不定人家只是基於對老朋友的同情心，才好心聽他訴苦呢？

190 **蒼老／類型：風光時不懂珍惜愛，一旦落魄，只能可悲的乞討愛。**

那個男人站在生命的巔峰時，以為周遭的一切都不會消失，任性的糟蹋別人對他的愛。當支撐他的一切都瓦解時，他也只剩下一副蒼老的軀殼。或許這時候，他真的懂得珍惜愛，可是，早已沒人願意給他愛了。

194 **男人最忌不入流／類型：愛計較的男人，惹人嫌！**

愛比較的男人，也許只是不想輸，事事都要爭第一，也算是讓人佩服。但要看他比較的事情是什麼。萬一在乎的只是一些無關緊要的枝微末節，那就是計較，是小氣，是小鼻子小眼睛，成了讓人不堪的不入流了。

198 **老男人的浪漫主義／類型：拋棄女友時，還覺得理所當然，卻單純的相信對方會愛他一生一世的自戀男。**

誤以為對方會因為你的離開而陷入憂鬱深淵、痛苦的無法自拔？很抱歉，您是否要去照照鏡子，看看自己是不是太自戀了？

202 **當愛已成往事／類型：生活百無聊賴，想向外尋求刺激，不料卻把半途的出軌當真愛，多年之後再回首，才慶幸自己當年迷途知返。**

只是，流水姻緣來得容易，自由的假象讓人癡戀著迷，但那個讓人癡迷的過客，你可曾想過，或許她心中藏著一段心痛的曾經，那段曾經，才是她的最愛。

五：有關愛情的奇想、異想，以及故事們。

208 **末日的情人**

面對愛情，我們得放棄衿持。想要愛情，沒啥好丟臉的！怕丟臉，就會錯過了。

212 **錯過的一二八個緣分**

你跟他之間，其實隔了一百二十八個相識的人，即使你們素不相識，在網路上，你們依然可以交談，可以從中感受到一股親密。但要讓你們要相遇、相識，還需要一個機緣，或是一點勇氣，還有一點衝動……

216 **春夢**

夢，如果會揭露我們內心的欲望，那與一名不熟識的男子之間的春夢，就代表了對他的情欲？就算沒有，既然在夢中火熱纏綿，是否會煽動現實中的情感，本來對他毫無感覺，突然變得小鹿亂撞？

220 **愛的囚籠**

有時候，愛會讓人自由，有時候，愛反而是個囚籠。

224 **我和他的狗兒子**
誰說過，兩個人一起養了狗，就表示要跟對方一生一世了？養了狗的情侶要是鬧分手，就跟夫妻鬧離婚的夫妻一樣麻煩。有人會說：「不就只是一隻狗嗎？」不，那不只是一隻狗，而是你們愛過的證明。

229 **你的複製品**
我可以愛上不同人，但也許我愛的所有人，根本都是同一個人。不過請注意，他或許很像你，但，絕對不是你。與其說他是你的複製品，不如說你其實也是我夢裡的那個理想典型其中一個較不成功的複製品。

233 **真情，不浪漫**
那些普通人愛玩的浪漫把戲，說不定不適合你。但清粥小菜般的日常，反而能陪你度過每一日。真情，何需誇飾的浪漫？手牽著手，穩穩的走著，這才是宇宙無敵的浪漫。

238 **微型戀愛**
在異鄉遇到的短暫愛戀，俗稱「豔遇」。豔遇之所以迷人，是因為它只存在於那段有限的時間，之所以不想延續，是怕像短片拍太長，原本好好的一部片，反而拖棚了，與其這樣，不如維持在這簡短的精巧上，至少還可以讓人回味。

242 **來自未來的女孩**
「有需要的話，可以來找我，我在這個地方等你。」我腦中浮現了他說這話時，看著我既溫柔又堅定的神情。而十九歲的他在這個時空裡，或許是我唯一的目的地。

後記：我在乎的，是故事 —— 252

第一章

關於愛情，
我們總討論著，
並且永遠不會停止。

給得起我幸福的人

單身，不要怕。

因為你的單身，其實只是尋找幸福的過程。

說到單身，應該沒有人是自願的吧？畢竟人喜歡被愛，就算是快樂也需要被分享，誰喜歡一個人過日子，只有孤獨與自己相伴呢？

當然，朋友、工作、興趣嗜好，都是讓自己生活變美好的要件。單身的人可以（也常常）高喊：「我單身，但我很快樂！」然而，塵囂總有退去的時候。當高亢回歸平靜，自己回到了家，誰不希望能有個人，跟我們一起分享生活的美好，分攤生活的困頓與煩惱。生命裡多了個人，就有了支撐，自己也有了多一點動力。因此，沒有人是自願單身的，沒有。

既然如此，世界上為何依然存在著如此多的單身男女呢？

世界上最聰明的人，恐怕都解不出這個謎題。單身的另一個現象是，人一旦單身，就很有可能一直單身下去，從一週兩週，到一年兩年，等認真算了起來，居然也就七八年過了。你問她選擇單身的理由，較和善的人只會苦笑，如果你沒太白目，就會發現這個苦笑代表著：「白癡啊？問這個最不該問的問題，是找碴嗎？」

單身，很少是故意的。也許單身的人會逞強說：「這是我的選擇！」這句話背後的意思是：「因為我還沒遇到另一種選擇。」。「寧缺勿濫」四個字也許可以約略總結這些單身者的理由，但事實上又比這四個字更為複雜。

通常，外表不差、身材還過得去、沒有身體或心理上的疾病、也不曾有過什麼強迫失控行為的單身女子們，都擁有自主性強、拒絕受控，並且各方條件優秀等共同特質。這樣的女人，你有時會驚訝她怎麼會單身？但想了一想，你可能會說：「哎呀，都是她太挑剔了啦！」對單身女子來說，這可能是最刺耳的一句話。但殘忍的是，世界雖然在進步，但東方社會裡男人對女人的要求，依然是「溫柔乖順、三從四德」。這些條件過好的女人，就算不被明著說：「誰教你條件太好，一般男人配不上啦！」私底下也難免被人戲謔：「呵呵，誰教她要這麼強，男人是被嚇跑了吧！」

會有此等古版想法的男人，自然不會在這些現代女人的選擇範圍之內。但也真不能怪好女人挑剔，那些弱男子，遇上比自己強的女人就怕，要人家怎麼尊重他們呢？而可悲的是，像「八十分的女人」或「男人該挑哪種妻子」此等男性主流的兩性理論中，所顯示出女性該有的樣子，就可以看出，即使女人們已經不停的進步，另一股保守的沙文思維，也正在軟弱男女的思想裡逐漸鞏固。當你看清了這種狀況，還能不瞭解，為何某些女人為何寧可選擇單身嗎？

既然好男難尋，那單身的女人，為了迅速找伴解除孤獨，就該把自己的擇友標準，從一〇一大樓降到吐魯番窪地嗎？兩個對生命認知沒有交集的人，硬要他們湊在一起，那樣的生活簡直就是人間煉獄，任何一個懂得生命自主的女性，都不會作出這樣的決定。條件好的女人，當然不能要她去屈就條件過差的男人。她們也不可能把自己偽裝成另一個模樣，好博得男人的喜愛。但同時我們也想問問男人：你們是否會願意守護著一個能力很強的好女人，卻不自卑、不嫉妒呢？

愛情與相處，重點從來不是誰強誰弱、誰高誰低。所謂的擇偶條件，其實最終只是平等溝通、互相尊重的可能性。一對戀人就算外在條件有落差，只要找到了思想與心靈上的那個平衡點，自然就有相守的可能。

單身，不單身。男人跟女人，不是一個蘿蔔一個坑。幸福也不是將就將就，就可以換來一起過一生。與其跟一個不恰當的人，委身過了外表有伴、內心孤獨的一生，單身的女人，在找到給得起自己幸福的那個人之前，寧可選擇單身，就算孤單了點兒，至少生命是掌握在自己的手裡。

最好的時候，遇見的你

「最好的時候，遇見你！」

謝謝。

但每當有人這樣說時，我總想問：

「那當我不好的時候，你是否還會與我在一起？」

友人單身一陣子之後，總覺得空虛寂寞。於是為了激勵自己，不要被陰鬱淹沒，在臉書上寫下了：「我相信，在我最好的時候，我就會遇見你。」

這句話很美，同時也是很多單身者的信念，彷彿只要把自己調整到最好的狀況，讓自己活得順心如意，真愛自然就會宛如神蹟般降臨。

但這句話同時也漏洞百出。

人在順利時，自然光芒萬丈，吸引眾人目光，許多仰慕者這時出現，也不讓人驚訝。這是人性——我們總希望能依附、仰賴著強者，受到他們的庇護，感受到安全與榮耀。

這種狀況在男性身上更常見。有領袖氣質的男性，一旦受到了矚目，身邊的仰慕者就跟蜜蜂遇上花蜜一樣，在身邊圍繞著。但是女性的狀況則不盡相同，一般人口中的女性「最好的時候」，是指她生活上沒有遭遇困境，情緒上平穩理性，態度上溫柔可人，活像個甜美的棉花糖般，好掐好捏好入口，如果外加工作穩定，經濟無虞，外表甜美，簡直就是天使下凡了！處在這種「最好的狀態」的女人，如果有許多男性仰慕，也不意外。

讓人意外的應該是，通常處在這種「最好的狀態」的女人，都是單身。

這種女人「最好的時候」，可不是平白無故就可以得來。你想想，生活平穩又不無趣，女人得要自己去發展興趣，同時努力工作，讓自己的經濟無虞；為了保持好亮麗的外表，女人還得注意保養，節制飲食同時不忘運動；要讓自己的情緒平穩，她說不定試了靜坐打禪芳療誦經，最後才能讓自己看透人世；要使自己的態度溫柔，肯定得經歷過諸多磨難，才能把個性的稜角一一磨平。這個天使般的女人，是用人生的鐵鎚，一杵一鎚敲磨出來的，打磨時那敲在她身上的痛，她都一一承受下來了。她靠著自己，慢慢走過了自己「不好的狀態」，然後狀況一好，就冒出好幾個男人獻殷勤，搶著說要照顧她，她會答應嗎？

「我在最好的時候遇見你。」那時的我，你當然會愛。但我不好的時候，請問你在哪裡？你說緣分機遇，因為那時我們還沒相識，可是我想問，人生不可能永遠處在一個平穩的高點，一定是峻嶺山峰，起起伏伏。現在的我，是走在高峰的稜線上，哪天我要不慎跌倒了，或是又得經歷過一段人生低谷，你是否還會留在我身邊？你緊握的我的雙手說會，但是既然我經歷過那段沒人想愛我的人生低潮，你還要我怎麼去相信，你會甘願陪我走過另一個低谷？

當女人處在「最好的狀態」時，她通常已經拿到該有的自信心了。充滿自信的人，是不需要任何奉承與討好來強化自己。如果那些仰慕的男人們，沒有拿出絕對優秀的條件與真心，處在「最好的時候」下的女人，當然不可能接受。
沒有他，她依然可以過得很好，甚至還能擁有自由。
所以，真愛從來不會在「最好的時候」出現，真正的愛，是那些可以陪伴過「不好的低潮」的人才能給予。
電影《愛在心裡口難開》裡，傑克尼克遜所飾演的超難搞男主角，所處的絕對不是最好的時候，而海倫杭特所飾演的單親媽媽，就好巧不巧也在生命的低潮裡與他相遇。片中，傑克尼克遜對海倫杭特說了一句十分感人的告白：「你讓我想要變成更好的人！」深深打動了她。
真正的愛，不是只在你最好的時候出現，享有你最好的當下，美麗的一切；真正的愛，即使當你遇上磨難，他也會願意握著你的手，與你一起度過；真正的愛，就算在你最好的時候出現，也會願意跟你度過不好的時候；真正的愛，讓低潮的人，有想要變好的動力。
因此，關於愛，當你說出「我在最好的時候，遇見你」時，或許後面得加上一句：「當我沒那麼好的時候，希望你也能陪著我，一起為下一個美好努力！」

聰明女子的真心

忘了是哪個作家說過：「再聰明的女人，遇上了愛情，都是傻的。」

有些自認為聰明的女子，對愛情十分挑剔，
她不求名不求利，一旦遇到了個才子，馬上變得全心全意，
但那些才子，真的只在乎她的聰明？
常常到最後，她付出的所有真心，依然宛如丟進大海裡。
這樣的女人，還真不聰明。

如果說男人好美女，那女人肯定總愛才子。

我們總說男人是感官的動物，女人是感性的動物。男人看女人，先看臉、再看胸、然後看腿看屁股，最後才看到腦袋。甚至有人說，女人不要太聰明，有了腦袋，想法贏過了男人，那接下來陪伴她的，恐怕就只剩孤單了。於是許多聰明的女人馬上理解到一點，有些有腦袋的女人，除了有智商，還夠智商去把自己的臉啊胸啊屁股啊保持完美，先用外表先讓自己中意的男人上鈎，之後才讓他去看自己的智慧。

可是，臉蛋美屁股翹胸部尖挺的女人，未必代表有智慧。

只是這樣說來，女人屈就於男人的感官似乎是原罪。可是，真正聰明的女人更清楚，就

算男人知道自己多有智慧，時間久了，當他厭倦了自己的外表，依然不會耽溺於她過人的智慧，寧可去找外表年輕誘人，卻不見得多能思考的女人。

至少，那些女人能帶給他優越感，不像那個聰明過人的女人，跟她相處像在競賽，他得時時刻刻小心注意，別讓自己的女人踩過那渺小的自尊心。但那些聰明的女人，一眼就看穿了那種男人心裡面的怯懦，最後他想去外頭從比他傻的女人身上獲得一點自尊心，那也就放他去了。如果她想留他，就會找出該留著他的長處，如果她覺得沒啥好留戀的，依然揮揮衣袖什麼也不帶走。

聰明的女人，情海翻騰到最後，有了一種灑脫，她似乎不再需要男人的陪伴了。你以為她再也不想要愛情，事實不然，愛情依然在她心靈殿堂裡高坐，只是沒有男人坐得起那個寶座，至少對於那些過於自私又自卑的男人來說，那兒高攀不上的。

聰明的女人，常會栽在才子身上。

聰明的女人，尋求的不是衣食上的溫飽，更不是男人廉價的蜜語甜言。她們尋找的，是一個能夠讓她們敬重、學習的對象，讓她們的靈魂先有了倚靠，才願意付出真心。那樣子的男人，未必是飽讀詩書，出口成章。有的是靠著飽滿的生活經歷，讓她們為之傾倒；有的是過人的思考能力，能洞見他人所不能。那些男人擁有的，正是那個女人也想擁有的，於是她們付出一切追隨，像是學徒般緊跟奉獻，那時男人見不到聰明的她原有的高傲，她願意為自己所崇仰的男人放下身段，期望著與他並肩同行，交流彼此契合的心靈，當然，以及滿溢的情欲。她在此時，以為自己獲得了真正身、性、靈的完整達成。她在此時，完全是傻的。

才子人人愛，不論聰明或愚蠢的女人皆然。才子只要有才，不管是否一貧如洗，或是其貌不揚，女人都願意把心跟財奉上。但才子再怎麼才氣逼人，都還是男人，動物性的先看臉再看胸然後接著看屁股美腿的習慣，與其他男子一般。不過，經濟學理論此時也適用於才子的感情生活上。當他從優到劣，什麼品質的貨色都不缺時，所謂的「忠誠」與「尊重」，在這種不平衡的供需關係下，就不見得存在。他或許也欣賞聰明女子的才智，但既然比不上自己，又何須珍惜。

對才子而言，聰明才智與酥胸美腿價值平等，當他珍惜的與聰明的女人對話，也會充滿情欲的吸吮柔軟的胸肚，不同特色的女人，在他眼前就像一盤不同口味的糖果，他吃了，膩了，然後就丟了。他不懂什麼叫作真正的珍惜，他對這些送上門來的真心棄之如敝屣。他的才華，讓他把自己擺在了神的地位，既然沒有什麼他得不到的，那也沒有什麼值得需要珍惜的。

除非是他自己爭取來的。

因此，最聰明的女人，明知他欣賞她的才智或肉體，也不會因為仰慕而毫無保留，只肯他汲取一小部分，讓他癡癡盼望，卻吃不得口。他必須拿出點什麼，才能換取更多，如果他忘形回收之前的付出，那她也就拿回原本給他的那些自己。

最聰明的女人，從不把自己全然付出給一個人，除非那個人是自己。因為她知道，這世界上最值得的人就是自己。不管是才子還是凡人，如果對她有愛，他們對她會珍惜與關懷。因為愛，不是只奠基在才或色，真正的愛，是心。無心的愛，就算不擁有，也不可惜。

曖昧的不勇敢

你說你喜歡曖昧的感覺，那是因為你還年輕。

「曖昧」，是年輕人才玩得起的遊戲。
對於那些有點年紀的人而言，人生路程只剩下了一半，
前面那半，她或許也曾與心愛的人玩著曖昧的遊戲，
但她後來失去了，也後悔了。
她知道，剩下的這一半她得走得腳踏實地，
如果能再出現另一個真愛，
她會緊緊抓住，用僅有的每一刻努力相愛，
再也不願意用曖昧的不勇敢，把自己給蹉跎過去。

曖昧是年輕人的權利。
或許有人天生就喜歡這一味，那種被朦朧給籠罩得模糊不清，擁有又不被占有的游離感，給人權利可以在裡頭盡情嬉戲，又不必有扛責任的壓力。如果玩膩了，可以隨時退場，沒人有權可以拴著那個人，該小心的是不要認真投入，曖昧的時候，認真的就輸了。

年輕人玩的曖昧遊戲，並不意味著他們不愛，也不是害怕愛，反而是害怕失去愛。年輕人對愛情會有憧憬，卻害怕面對愛情，害怕到手的愛情，反而沒有他們所想像的甜美。曖昧裡的模糊不清，給想愛的人一層保護的外衣。

他們想愛，當然想，他們並不想否認對彼此的愛意，但有時愛說開了反而尷尬，不說開但你知我知，就算沒有得到，也總不會失去。把愛說開了，愛了就愛了，愛到了盡頭，也就愛完了，兩人分道揚鑣，那就是永遠的失去；沒說出，沒愛著，就算對方最後愛了別人，至少還能當個永遠的朋友，永遠在彼此的身邊，也算是種長相廝守。

曖昧的籌碼，是時間。曖昧了好一陣，最後卻沒成為戀人，頂多就是把時間給蹉跎了，有什麼實際上的損失？嚴格講起來沒有。因此，一些上了年紀的人，反而玩不起曖昧這種遊戲了，他們的青春漸漸流失，生命逐漸往死亡的終點線逼近。為了節省寶貴的時間，他們寧可有話直說，就如電影《紐約愛情拼圖》裡奧黛莉朵杜的角色所說的：「我都快四十了！難不成還要像個小女孩一樣裝腔作態、扭扭捏捏嗎？我沒時間了，想要什麼就說什麼！」別怪中年女子直接，這或許讓她們像個歐巴桑，但這是她們生命裡所面臨的現實。

但偏偏，曖昧卻是最常發生在這年紀的男女身上。人從沒有失去對愛情的渴望，只有失去對愛情的希望。這群中年的男女們，他們不是不想愛，只是，他們已經脫離了社會所認知的適戀年齡。他們也會小鹿亂撞、也會意亂情迷，但是迫於社會觀感問題，他們想愛卻無法明說，明明兩人就已經面對了面，眼神也確認了彼此的愛戀，真的愛了也只能偷偷摸摸，不光明又不正大。這樣久了，也成了另一種混沌不清的曖昧，意志不堅的人，愛情就在眾人的觀感之中，逐漸淡化流失。

這樣的曖昧，不可能美好，如果最後還能有什麼，能像年輕時曖昧後，有股清淡的感覺擱在了心上，那會是悔恨，悔恨自己為何不敢突破阻隔你我相愛的那一切，那些東西當時被中年的自尊給無限放大了，但事實上是這麼無足輕重！但失去的，也追不回了。中年人的曖昧，不像年輕人的曖昧是自己選的，他們多是迫於無奈。年紀大了，當他們反而更能體會兩人十指相扣時的那種安穩，但廝守卻成了更難抵達的境界。

時間讓你懂了愛情，卻讓你更難以取得愛情。或許因為懂了，也知道真正的愛情，未必一定得緊抓著一生一世，有時候將最愛，放手——那個你曾經用曖昧來避免失去，因為你從未獲得的人——僅僅將他放在回憶的某一個角落，然後你說你不渴望愛情，因為你已經看透了愛情，但那是你自己還在跟自己曖昧著，因為事實上你已經很清楚，如果再來一次，你會要自己鼓起勇氣，去跟那個曖昧的人勇敢愛一次，就算會失去，你也不後悔，因為至少你有一個機會，而不是眼睜睜的看著他離開，怨自己為何連愛他都不敢！

所以，那說宣稱自己喜歡曖昧的人，到底是不是真正喜歡搞曖昧？畢竟，他們最終還是要找個人，牽起對方的手，承諾彼此未來。他們所沉迷的曖昧，只是一個能領著兩人相愛前的短暫階段。如果曖昧的原因只是不勇敢，那沉迷其中的，就只會後悔。不管是什麼年紀，什麼階段。

別再沉迷曖昧，勇敢去愛吧！

幻想・戀愛

每個人都有兩個世界：一個在身體裡面，一個在身體外面。
身體裡的那個叫「幻想」，身體外的那個叫「現實」。
愛情也有兩個世界。
現實裡的愛情，有體溫有觸感，還有靈魂出竅般的喜悅；
幻想裡的愛情，沒體溫沒觸感，但未必不會讓人享受到精神的狂喜。
幻想中的戀愛很美，甚至，比現實裡的愛情還美。
只是把幻想當真的人啊，享受到的是自己，麻煩到的是別人。
可是，這種人很值得同情。

誰不愛幻想？

人的腦袋裡，總有一塊的思考是不屬於我們所存在的空間。現實好沉重，於是我們逃脫，將腦袋瓜割出一小塊，讓對現實疲憊的我們，躲到裡頭好好休息。在那裡，我們把希望發生的一切化為可能，包括我們想買的東西、想做的事，當然也有想愛的人，幻想他也愛我，用各種方式愛我。

誰不愛幻想。幻想可以紓壓、解悶，還可排解過多的欲望，男人從青少年時期，躲在幽暗的被窩裡打手槍時，腦子裡不也浮現著ＡＶ女優的裸體，幻想著自己對她做她在Ａ片裡跟人做的事？然而對女人來說，幻想似乎更重要，殊不知男人勤奮不懈在女人身體的小宇宙中尋找Ｇ點、調整姿勢的同時，大多數的女人只要靠幻想加愛撫，就能高潮！

誰不愛幻想。愛情如果全成了現實的柴米油鹽，怎麼可能千百年來，都是許多創作者最愛的主題！那些創作愛情的人啊，他們的工作，就是去幻想愛情中所發生的一切：不論是心神的浪漫、肉體的炙熱、言語的爭吵、甚至無情的傷害……。凡舉愛情，皆能進入創作之中，讓其亙古流行。

但你說這些創作人愛幻想，肯定不切實際，這可就誤會大了。愛情的創作者，多半把愛情的各種酸甜苦辣想得精準透澈，看到了愛情的陽光，也見到了殘酷。於是他們要嘛把自個兒肉身投向情愛大海，嘗盡甜美又受遍創傷之後，再將經歷佐以想像，幻化成一個個愛情故事；遇上理性重邏輯強的傢伙，創作的時候分析入裡，真正走到了愛情面前……既然腦子早經歷過了愛的深谷顛峰，便也特別小心翼翼，最後反而綁手綁腳，或是條件甚高，理想中的愛情終不可得，寧可孤寡一人，繼續將腦海中的幻想變成電影或故事，放到世界感動凡人。

愛情的幻想，遇上了虛實難分的人，才真是麻煩。

虛與實的界線，就算清晰可辨，也有不小心踩錯邊的時候。例如，你在路上散步著，耳機裡放著音樂，思緒隨著奇想波動，動著動著就跑進幻想的時空中了，邊走還邊發笑，直到出門遛狗的老太太用詭異的眼光看你，才發現自己躲進白日夢裡去了。但知道踩錯邊還算幸運。有人就寧可轉虛為實，把幻想當人生去了。

話說曾經有一位男性友人怒斥某女，他們倆只因機緣巧合而有了一面之緣，那一面之中，男方不慎帶了個溫暖的微笑，外加打氣拍肩給那某女說了聲：「加油！」從此之後，該女就將他視為自己的男友，不但在網路搜查出他的過往，並且四處宣稱他們倆正在交往，常一起出遊約會。男方因為工作忙碌，根本無暇處理這女子脫軌的言論，就連女子時不時的電話簡訊關懷，他也只是禮貌性回覆，不想撕破臉。原以為這樣就能應付了事，沒想到某天男方友人來電關切：「聽說你要結婚了？」他才發現這個幾乎全然陌生的女子，居然變成了即將進門的未婚妻。

自己腦袋所建構出來的愛情，也許品嘗起來與真正的愛情沒太大差距，但幻想一旦越了界，走進了真實生活，肯定馬上見光死，不但甜美沒了，當事人還會碰得滿身灰。你問我那女子最後下場如何？男性友人盛怒之下，在網路揭露她的騷擾細節，竟發現他不是唯一的受害者，多名男子一一跳出來指控，才發現這名女子長久以來，都活在這種幻想戀愛之中，讓人不堪其擾。

沒人了解是什麼讓她過著虛實難分的生活，這樣的她到底是愁苦，還是快樂？但弄到這種田地，也沒人在意。她最後丟了工作、失了朋友，只得到了個三個字封號：神經病。

幻想，是老天給人的恩賜，讓人不會只有錙銖計較，還能在這不完美的世界外，找到一個美好虛幻的庇護所。我們幻想著愛情，並且在現實生活中熱烈追逐。最後找到的愛情，也許不能如幻想完美，但什麼是完美呢？**真實的愛情搭配私密的幻想，這不正是幸福的方程式嗎？**

惱人的幸福肥

幸福到底會不會讓人變肥？

有了兩人世界就發胖的人，就代表他「好幸福」？
或許幸福肥是愛情其中一項大考驗，
考驗的不只是你是否還會愛幸福之後肥胖的他，
而是從你們發胖的模式裡，去探究兩人的情感關係。
幸福肥很神祕，也很高深，
不管幸福肥不肥，顧好自己身體健康，不讓對方擔心，
就算幸福的肥了之後，你們還是只認定對方，
那才叫作真正的幸福。

很多人開始談戀愛之後，會先短暫消瘦，等到一切穩定之後，就會開始發胖。因為這種肥胖總是跟著幸福的腳步，所以它有一個很美麗的名稱：幸福肥。

幸福肥是肥胖界高人一等的貴族，但它總是相當神祕，當你發現的時候，肥油早已巴著你的人生，想甩掉恐怕只得靠一個不幸的遭遇，才有辦法藉著傷痛，來用最自然的方法將肥油刮除。

當然，人當然是追求幸福，如果硬要他選擇，他會寧可留住肥油，也不想面臨不幸。是說，為什麼幸福了就會肥？當兩個人在一起之前，為了在對方面前展現最好的形象，於是在各方面不斷的約束自己，性欲不能表現太高漲，食欲當然也得縮減成小家碧玉，在戀人之前吃得動作細膩、賢淑大方，免得大口吃肉喝酒的猙獰樣，把還沒抓穩的愛人給嚇跑了。等到戀情穩定之後，兩人對彼此也有一定的熟悉度，於是矜持開始解放，食欲如性欲一起飆漲，再也不綁手綁腳的扭捏。往日的高雅動人所帶來的心動，變成了美食佳肴大口品嘗時的滿足，沉醉在一起享受的幸福，不肥也難。

然而，幸福肥常常只有單方面，鮮少雙方一起「成長」。究竟問題是出在哪裡？恐怕體重的成長模式，可以看的出一對情侶將來的成功機率。

有的男人戀情穩定之後，身體就跟吹氣球一樣猛漲，讓人不禁想酸他：「所以，這回懷孕的是你嗎？」前陣子網路上有人ＰＯ文抱怨，女友老愛在餐廳點一堆東西，但每一樣只吃一點點，最後都得由他來收拾殘局，結果女友的身材是保持著了，自己體重卻直線上升，不但得被女友嫌胖，還得花錢去買新衣服，簡直是賠了夫人又折兵。

這樣的抱怨，引發了許多男性的共鳴，但說到底，自己體重的事情，居然要推托給另一半東西點太多又不吃完，也未免太小鼻子小眼睛。如果兩人連在吃飯點菜這件事情上都沒有共識，想必這段感情也不會情投意合，倒不如早日各分東西。而且，雖然愛點一堆吃不完的女友，作法實在為人詬病，但連請對方點餐不要點太多的勇氣都沒有，這樣的男人也未免太畏縮，真正有眼光的好女人，恐怕也很難看上吧？

當發胖的對象是女人時，情況就比較複雜了。男人對女人的體重的容忍度不如女人寬容，女人通常只要一發胖，男人馬上會表示抗議。女人發胖可能的原因有兩種，一是遇上了寬容的好男人，只要女人喜歡吃，發胖一點也無所謂，甚至還會說出「你胖一點其實比較好看」的這種鬼話。這樣的女人，實在讓人欣羨，不過既然大部分的男人都還是有點劣根性，也真的得提醒這些「幸福的女性」，可別真的以為自己可以為所欲為，因為男人心哪時候要變卦誰也說不定。當然，會跑掉的男人就讓他跑算了，只是自己還得花很大的力氣恢復原本的體重，這可真是累人！不如時時保持好自己的身材，讓自己處於最佳狀態，也算是為自己的一種未雨綢繆。

另一種女人，有了男友之後，男人就成了她的天，以照顧好男人為己任，成天想著要買這買那替男友補這補那，還替對方做便當、下班趕回家弄晚餐，想要讓男人有「家」的感覺。結果這一切其實都來自於女人自己的想像，男友有可能根本不愛吃，或是煮太多了兩人根本吃不下，最後就得由始作俑者來解決，結果女人體重飆漲，也不太讓人驚訝。

這種女人其實相當讓人擔心，因為她的感情互動模式，大多出自於自己的想像，自己認為這樣能帶給對方幸福，卻沒有真正去了解對方的需求是什麼，過多的關愛變成了施予對方的壓力，讓對方無法喘息，體重上升只是一個副作用，兩人感情的破裂，似乎也是可以預見的。

因此，有時見到一起發胖的情侶，內心會不由自主揚起一陣幸福感。想著這倆人因為愛而結合，然後手牽手一起去吃美食，一起為美味而歡呼，一起倒在沙發上摸著脹肚打嗝，恥笑著對方大食怪，這不是戀人在一起最難得的幸福嗎？

幸福到底肥不肥？重點真的不在肥，而是幸福，來自於兩人的共生性。**當雙方都體認到對方與我一同存在的價值時，幸福於是從此開始。**

作媒，談何容易？

媒人不是愛神丘比特，愛情的箭一射，就能讓兩個人墜入愛河。

這個年代還有願意作媒、還不會收介紹費的人，那可真是佛心來著了！

想想，條件好的男女還能單身那麼久，如果沒有不想說出來的問題，

肯定都是挑剔的歪嘴雞，這個不好那個不對，

有時還嫌媒人眼光差……

不管要作媒還是找人作媒，可真都要想清楚，

愛情就算不是一生一世的事，

弄不好的話，中間牽線的那個人，可是會被人恨上一輩子的！

男女到了一定的年紀，如果還保持單身，要找到合適另一半的機會，就會比以往困難。或許是現在這個社會，婚姻對於現代人而言，已經不是那麼必要，說不定大多數的人還寧可保持單身，好維持自己的獨立與自由。

不過，這並不代表這些男女不想有人陪伴。當人的生活圈都已固定，要再認識新朋友的機率就更低了，許多交友網站與婚姻介紹所因應而生，希望能夠替這些不老不小的孤男

寡女促成一些機會。不過透過陌生人來介紹，許多人不免會感到尷尬，畢竟介紹人不認識你，不了解你的脾氣與習性，怎麼有辦法替你找到合適的人呢？於是，一些人寧可使用交友的老方法——請朋友當媒人。

可是，當媒人談何容易。

首先，這些年紀一把了還單身的男女，他們之所以可以忍受單身這麼久，一定有其獨特之處。這些獨特的個性，並不能算是缺點，但就是與眾不同。然而，天下所有獨特的一切，都很難找到匹配之人。比如，一個學識豐富、又有主見的女人，她可能因為年過三十之後的某一天，慘遭論及婚嫁的男友劈腿，自此之後就單身至今。她或許個性也好，條件也不錯，你問她為什麼到現在還單身呢？她或許會笑笑告訴你：「哎呀，大家都喜歡年輕的女生，哪會找我這種老的？」但事實上，她自己很清楚，自己單身最主要的原因，是因為她遇上的男人，都有某些地方讓他們無法結合：有的要嘛年紀太小，經濟根本還無法獨立；有的可能跟她喜好跟背景各方面都契合，但對方根本就有家有室了！不過她依然不想放棄找個人共度一生的希望，才會拜託好友介紹新對象給她認識。你問起她的條件，她會說：「沒什麼條件啦！看得順眼聊得來就好。」看似不難找，但這只是代表她心中也盼望，自己也能接受一個跟她想像完全不同的男性。或許，她當下真的有認真想要放下心中的那把規尺，只是，當見了面、聊了天，她才知道，那段差距永遠難以跨越，她無法接受宅男邋遢的衣著，也無法跟不喜歡旅行的人聊各國風情。她要的男人，就是處在婚姻市場金字塔的頂端，而擁有此等條件的男人，如果還是單身，只可能是他嗜好不在女性，或是根本就是個難相處的怪咖。

又比如，一個個性老實的男人，這輩子都被家庭教導得要安分守己，卻沒教他該怎麼生活。他身為長男，為了體恤父母同時照顧弟妹，他選擇了考公職讓自己有穩定的收入，同時供養這個家。然而，當父母過世，弟妹長大，他才發現自己孑然一身。長期都只在同一個生活圈的他，很希望能夠有個人陪伴，又不想要草率看待自己的感情。他拜託自己的老兄弟替他介紹，兄弟們說，現在還單身的女人大多很難搞，他也說了不介意。誰知道，等到真的跟她們見了面、聊了天，才發現兄弟口中的「難搞」可不是亂講的，她們各個想法獨特，並且不喜歡為了討好男人而屈就自己。跟她們約會就像參加百萬大猜謎，要是回答錯了馬上就會被噴氣按鈴，讓他緊張兮兮。他其實只要平凡的女人就好，然而這些女人根本就是婚姻市場裡的搶手貨，雖然為數眾多，但只要所有人都要這樣的條件，當然出手慢的人就沒了。

媒人把那個學識豐富的女人，跟個性老實的男人湊在了一起，他們只喝了半杯咖啡，就各自回家。事後，媒人問雙方的想法如何，兩人都笑笑沒多說。他們倆本來就分屬於不同的宇宙，硬要碰撞會造成大爆炸的慘劇。於是他們只能繼續感嘆自己的孤獨，然後拜託媒人朋友替他們多看看。

那個當媒人的朋友，這時才開始反悔。他這才看清，那些還單身的人，其實對於單身生活搞不好甘之如飴，只是還對愛情抱有一絲希望，否則早就終結單身。只是，受人之託就得忠人之事，他決定搞個大型聯誼活動，讓這些單身的人來個來電海選，如果這樣還挑不到，那還真不是他的錯了。

總之，想做媒，談何容易？

親愛的，讓我養你吧！

很多女人工作累的時候老愛說：「真想找個男人養我算了！」越是愛這樣說的女人，越不能把她們這些話當真。

這些女人，你要真的把她當成寵物來養，可是會把她給氣死的！

給男人養，沒有不行；給男人養，也不會比較不辛苦。

給男人養，還要保持住自己的自由意志，是一個高段的功夫，不確定自己辦得到，倒不如自己賺自己花來得省事。

唸高中的時候，有一回跟幾位女同學高談闊論自己的理想，卻有一位同學一臉困惑，我問她：「你以後想做什麼？」她皺著眉頭看著我說：「做什麼？女人就是要給男人養啊！」她說這話時一臉理所當然，彷彿我們方才所討論的都是廢話。

「女人就是要給男人養，你們還想著自己以後要做什麼？你們這樣不是很奇怪嗎？」

事隔了二十多年，我不知道為何這段記憶從來沒在我的腦海中變淡，我沒再與那位同學聯絡，也不知道她是否有完成「女人就是要給男人養」的心願，反而身旁一堆工作能力很強的女性朋友，因為面臨很大的工作壓力，時常會開玩笑說：「趕快嫁一嫁，給男人養好了！」只是大家都心知肚明，自己這種強悍的個性，絕對忍受不了「給男人養」這種事情。

不過，至少今日的我可以理解，女人選擇給男人養，又何嘗不可？那只是女人選擇的其中一種生活方式，也不是每個人都希望用工作來滿足自己的成就感。再說，持家也是責任重大，內容也不比在外頭工作來得輕鬆，說起來，選擇給男人養的女人，事實上也正在進行一項非常偉大的工作，而她們最大的成就感，不是加薪升遷，而是讓這個家庭安穩，兒女平安長大成人。

但人總不能把人生全都仰賴一個人。靠牆牆都會倒了，人生的路這麼長，誰知道什麼出人意料的事情不會發生？把所有的雞蛋放在同一個籃子裡，不管怎樣還是非常冒險。當你的男人溫柔的對你說出：「親愛的，就讓我來養你吧！」或許你會感到一陣短暫被幸福沖昏頭的浪漫，但之後可得找出一個清醒的空檔，想清楚關於「自由」與「經濟」這兩件事。

說到自由與經濟，我們可不是在談論國家大事。當你決定了要給一個男人養的時候，也就代表了你的經濟來源是仰賴他，這在某個程度上說來，你的自由也有可能受到對方掌控。自己工作賺錢的時候，看到什麼漂亮的包包、想跟朋友喝一套昂貴下午茶，只要自己負擔得起，沒有人能擋得了你；現在你的經濟來源在別人手上，你當然也不希望做什麼事情都得看人家臉色。所以，男人自願養女人，聽來當然很浪漫，但是女人要有自知之明，被養之前得跟男人約法三章：「你說你養我，並不代表你是我的主人，我才是我自己的主人！我可以為你洗衣燒飯打理家中大小瑣事，但不代表我此生都只能待在這屋子裡替你做牛做馬喔！」

我們的社會，並不像某些亞洲國家還存在相當強烈的男尊女卑。我們很慶幸，在這裡，女人可以決定自己的生活方式，幾乎沒有任何人可以強迫女性做什麼。因此，當一個男人心甘情願說要養你的時候，你該思考的並不是「我要付出什麼」，而是「我究竟要的是什麼？」浪漫是一時，生活是一世，你不如靜下心來想像一下，如果要給對方養，你會希望十年後、二十年後的你，是什麼模樣？給男人養的女人並不代表不會思考，既然這是一個女人所選擇生活方式，那就應該是深思熟慮過後所做下的決定。你是家庭主婦，你也可以是生活很多元的女人。你可以成為你想變成的那個人，就算給男人養也可以。

不過，講到錢就有點尷尬。有的男人很老實，每個月領薪水就全數交給老婆，反而自己得跟老婆討零用錢，這種情形現在應該很少了，搞不好只存在老派電影裡。為了掌握自己，女人終究得抓住一部分的經濟自主權，這意思並不是要逼老公交出所有的薪水，而是既然這是兩個人決定的生活方式，那他就得知道，把一部分的薪水交給你，讓你自由運用，讓你擁有應享的自由，也是維繫這段感情的必要方式。

擁有自我，才能擁有幸福。如果只是認命的全然付出，把自己綁在家庭，不但造成對方壓力，也是在磨滅自己的存在。幸福得靠自己努力，而不是靠一個男人。男人要養你，OK，但能夠掌控你的，只有你自己！

這樣的男人，很ＭＡＮ！

這時代應該很少男人，上健身房練出強健體魄，
是為了要告訴女人：「老子很ＭＡＮ！」
男人的ＭＡＮ度，跟個頭與肌肉大小無關；
對事情扛得起、放得下，
不逃避、不畏縮，
這樣的男子，才配稱為「真男人」！

女人常抱怨：「現在的男人真是太廢了！」
的確，現代女性能力愈來愈強，過去女人認為「很ＭＡＮ」的男人，現在都已經退潮流。男人如果不趕快加緊腳步成長，恐怕都會成為「廢男俱樂部」的一員。
到底什麼樣的男人，算是「很ＭＡＮ」呢？
過去講到男人「很ＭＡＮ」，腦海常會浮現出一個皮膚黝黑、體格高大健壯、目光無懼、說話中氣十足的男人形象，一個吃得飽身體好每天健身的英俊男子。不過男人的「ＭＡＮ度」，並不是靠健身房培養。而今日依然有女人會誤以為，那些相當具權威感的男性，

就是所謂「最ＭＡＮ」男人的代表，只是當一個男人的權威，是來自於一廂情願的自我肯定，老覺得自己講的話才是真理，女人就是天生來服從男性的，這時女性要沒有自覺，一味崇拜不敢反駁，就是縱容了一班沙文主義滿腦的豬。

自私與男子氣概是兩回事，「ＭＡＮ度」和肌肉大小也沒關係。有大肌肉的男人，或許會給人家勇敢的錯覺，讓女人覺得好像可以倚靠。不過每個人都有恐懼的權利，有著大肌肉的男人，說不定心裡也藏著大恐懼。當你因為他結實肌肉而有了性格上的誤解，結果見到蟑螂反而驚聲尖叫，那樣的落差，說不定會造成未來肉眼評判男性的陰影。只是說實在人家鍛鍊身體的目的，也未必在於證明自己天不怕地不怕，是女人自己錯誤的認知，才導致這樣的結果。

斯文瘦小的男人，也可以「很ＭＡＮ」。現代對於「ＭＡＮ」的定義，其實偏向於個性與心態層面。女人批評一個男人沒有男子氣概，最終都會說到「這個男人有沒有肩膀」這件事。男人要有責任感，要能夠對自己的行為負責，就算外表貌不驚人，也會得到女性的讚賞。女人最怕沒有肩膀的男人，在外頭捅了一堆婁子，無法解決也就算了，被逼問的時候還一副「千錯萬錯都是別人的錯」的鳥樣，真的會讓腳踏實地的女人想一把掐死他。這種男人就是名符其實的「廢男代表」，女人就算一時讓愛情蒙蔽了雙眼，願意與他廝守一生，最後下場肯定就是拚命替他擦屁股：生了孩子不願照顧，外面欠錢根本不敢講，不停偷吃還要老婆出面處理糾纏不清的小三……簡直讓女人腦神經衰弱，最終大多也只有分手一途。

另外，ＭＡＮ度高的男人，對女性一定相當尊重。他不會一味認為女人就是應該柔弱的順從男人，對於另一半的選擇，會給予適當的建議與支持。這個時代還覺得「女人就是要男人照顧」的男性，思想簡直落伍到了極點。當女性跟男性都一樣可以受教育、擁有投票權、甚至上街頭表達自己意見時，男性就得要認清，男人做得到的，除了搬重物以外，女人一定也能做得到！一個男人如果有這樣的想法，絕對散發著男子氣概，受到女人敬仰。不過，這並不代表他就乾脆眼睜睜看著女人，獨立完成一切。很ＭＡＮ的男人，會尊重女性的決定，會在她需要支持時挺身而出，給予她走下去的力量。這樣才叫作真正「照顧女人」，而不是只把女人關在家裡等他回家，完全加以控制。

愛自己的女人是必須的，不過愛心也會適度的延伸到其他人身上。很ＭＡＮ的男人，會對弱勢者有同情心，不會因為自己有力量就欺壓別人。舉例來說，他可能是公司裡的高級主管，但不會因為位階而打壓下屬；放大到社會上，對於窮苦的人不會歧視，甚至會定期出錢出力做愛心，有小愛亦有大愛，絕對會讓女人心動。

不過，男人再ＭＡＮ，畢竟不是完人。每個人都有自己的缺陷，男人最大的勇敢，就是面對自己的恐懼，對自己的缺陷不會逃避，而是去直視、去修正。這並不是簡單的事，恐怕也需要女人的支持與協助。如果你愛的男人發現自己的缺點，並願意加以改進，而這缺點並不會讓你想遠離他，女人就可以用自己的堅強，去協助愛人走出自己內心的關卡。這才是兩人攜手共進的意義。

大男人不流行了，有心的男人才ＭＡＮ。聰明的女人也該看清楚男人的內在，因為最ＭＡＮ的部分，外表常是看不出來的。

貴重的愛情垃圾

相愛的時候，送的禮就算是百元商店裡的商品，也貴重若金；不愛的時候，你送我的金銀珠寶，比垃圾還不值。
愛情走了，留下了一堆貴重的愛情垃圾，丟了可惜，不丟，該怎麼處理？
「留下來做為一輩子的浪漫記憶？」
算了吧，留來留去留成仇，不如趕緊處理解決，還來得實際。

兩個人愛得炙熱之時，互贈禮物表達愛意都是常有，甚至必須有的事。禮物的貴重程度，甚至成為某些人衡量彼此愛意輕重的度量衡，禮物越貴重，代表我對你的愛越深。這或許不能怪收禮物的人拜金求貴，很多時候是送禮者想藉此凸顯自己的能力，變相成為一種自我炫耀的工具，反而與愛情無關了。

不管是為了炫耀還是為了愛，如果這段愛情開花結果，這每一份禮物——無論貴重與否——都會成為兩人一段一段的美好回憶；然而，萬一這兩人最終還是分道揚鑣——而這也是比較常見的狀況——這些貴重的愛情禮物，一下子變成看到就礙眼的戀情垃圾。丟了，其實這東西好貴；留下，拜託我幹嘛留著那王八蛋送我的禮物呢？難不成以後還得戴著它逛大街嗎？處理這些貴重的戀情垃圾變成了愛情結束後的另一項難題，這時候還真巴不得兩人的紀念品只是一堆照片或情書，剪一剪燒一燒就沒事了。

前不久有個朋友轉貼了一則網拍頁面：一名女子拍賣一枚鑽戒，沒底價沒說明幾克拉，只說這是前男友送她的定情之禮，現在分手了不想留在身邊，乾脆拿出來賣了留給喜歡需要的人。那拍賣下頭的留言很少針對拍賣物品的細節詢問，反而是許多道德勸說跟一頭霧水的網友留言。他們的說法不外乎以下幾種：「最愛的時候人家送給你的禮物，怎麼可以賣了呢？這樣豈不是辜負人家？」、「這……你都說了你是因為分手才賣的，這樣誰還敢買啊？」、「你拿出來賣，前男友看到了肯定很難過的啊！」還有留言：「幹得好！祝你賣到好價錢，臭男人傷你，你就利用他到最後，能掙多少就掙多少！」……網路發言大多是不負責任的嘴砲，當事人除了認真回答詢問幾克拉、啥品牌、有沒有保證書這種問題以外，也不見她對這些網友意見抒發有什麼回應，可見她是吃了秤砣鐵了心，老娘要賣就是要賣，你們那些路人甲乙丙丁如果不掏出銀子就閉嘴吧！

可見這女人是個性格強悍的鐵娘子，她與送鑽戒的那前度戀人，肯定也曾愛得炙熱，分得肯定也不平靜。

不過，前任情人所遺留下的有價戀情垃圾，到底該不該賣呢？網拍鑽戒的這名女子，既然只說了這是前男友送的禮物，甚至連底價都沒訂，那她賣鑽戒的舉動肯定不是為了賺錢，而是為了報復。她的目的只是要讓前男友見到，她要把那段感情給賣了。似乎，賣掉了，她就解脫了。但其實，那時的她還愛著，否則不會如此衝動的，把這貴重的東西幾乎賤價拋售，用低微的價格來踐踏自己那段感情，來咒罵自己愚蠢，以為這樣可以輕易轉身。

鑽戒最後的下落，就沒有繼續研究了，不過我倒是真遇過，有人把前男友贈送的禮物拿出來賣，並且還小賺了一筆的人。那人的前男友每年都會送她一條不算太貴、又不是便宜貨的項鍊。分手之後，她看著那成堆的項鍊，決定把它給賣了。賣之前，她還是簡訊了前男友，告訴她即將把這些東西賣掉的消息，前男友還求她不要賣，因為這代表著他們倆的回憶，搞得她原本還不太堅定，一聽發現這下非賣不可，立刻透過友人詢價，賣了個好價錢。

那筆意外之財花到哪兒她也說不清楚了，總之她消化掉了這些垃圾，處理掉了一段戀情。這樣冷靜理性的處理方式，看似有點冷血，不過這時候的她，應該早就想清楚了，昨日種種彷彿昨日死，愛過再深今天也不再痛了，問她記不記得，她說當然記得，但她也記得那些項鍊交到另一個人手中時，她心裡居然一點都眷戀也沒，就知道，放下了。另一個曾經一氣之下，把前男友所送的名牌銀飾丟到垃圾桶裡的朋友聽了，大嘆惋惜：

「早知道我也拿去賣，現在想起來好心疼啊！」

其實，不論戀情是否會結束，禮物也只是某個時間點的一個印記，貴重與否，與標記深刻無關，當戀情消失，再貴重的禮物也只是垃圾，貴重的垃圾，不知如何處理的垃圾。

當垃圾平靜處理掉的那一刻——不管是留下，還是讓它離開——才算是平靜面對已逝的愛情。

第二章

就算是一個人，
也能自在的愛。

住在行李箱裡的女人

這個時代，講究清清爽爽，沒有負擔。

愛情還沒有彼此承諾之前，是不該把太多的自己，押在對方身上。

但你說，放在對方生命裡的東西，該有多少？

或許不必太多，一只行李箱的大小剛剛好。

跨年那晚，一群人在她家吃火鍋開酒狂歡。午夜過後，大家酒酣耳熱，有人睡了，有人還不想走，於是玩起了真心話大冒險，純粹為打發新年度剛開始那幾個還算新鮮的幾小時。

我們癡笑的轉著喝完的紅酒瓶，當瓶口指向她時，她選擇了真心話。

「你生命中最重要的一樣東西是什麼？」

眾人嘲笑著發問者：「這是什麼爛問題啊？」

但她的答案卻讓人好奇。她說：「是一只行李箱。」

行李箱？怎麼會有人生命中最重要的東西是行李箱呢？那是什麼樣的行李箱？防摔防震好拉好提終身保固嗎？她笑說，不是。

然後，她開始說起關於行李箱的故事。

事情始於她剛出社會後幾年，那時與她熱戀的學長到英國求學，她趁著農曆新年假期去英國看他。農曆新年期間，歐洲不管哪裡，都是天寒地凍。一天晚上，學長告訴她自己愛上了其他女人，對方懷了他的孩子，必須跟她分手。她在哭鬧之後，憤而拉著行李離開他家，在寒冷的街頭走了一個多小時才找到棲身之所。

她說，在那一個多小時裡，全世界孤寂得好似只剩她一人，而她唯一能夠倚靠的，居然只剩手中這一只行李箱！抵達旅館後，她打開行李箱好好端詳，覺得一段感情關係，其實只需要靠一只行李箱來維繫即可：進入一個人的生命，所需要的東西，只需擺入一只行李箱；同樣的，離開一個人，只需要帶著那只行李箱，把所有帶來的東西再裝進去，就能夠轉身離開，乾乾淨淨，不拖欠不遺漏。

「這樣不是很好嗎？」她突然領悟了這道理。於是她決定，未來不管與誰交往，她放在對方生命裡的東西，絕對不會超出一個行李箱；而對方想放在自己家裡的物品，也只能以一個行李箱能放入的數量為限。

「既然沒嫁沒娶，大家還在自由選擇的階段，那又何必用太多的外在東西，去束縛彼此的生命呢？」

有一回，她男人把尾牙抽中大型液晶電視送去她家，說是要替換她家裡那台老舊的電視，卻被她一口回絕。送貨員費了九牛二虎之力才搬上樓的電視，居然因為她的拒收，被迫再搬回去。

這事情惹怒了那男人，他認為自己是為了她的生活品質，才給她這台電視，怎麼這麼不識相！

她理直氣壯的說他違反了「一只行李箱」的準則。「除非你可以把這電視裝進那行李箱拿走，否則別想放在我家！」

之後，她發現男人背著她在外頭偷小三小四，她氣得當場拿出行李箱，要他打包走人。當她要一個人走，那個人就得馬上走，那次男人走的乾乾淨淨，所有的東西都連同那只行李箱一起拖走了。從此，他倆沒再見過。

同樣的，她決心離開一個男人，也只需要一只行李箱。一旦她認為無法在跟這個男人繼續走下去，她就會走進他家，將自己的東西全部裝進行李箱，蓋好，拉桿一拉，優雅的離去。

「一只好的行李箱有多重要？當你一個人在外旅行，行李箱限制了你所能攜帶的外物，讓你不致於過度購物，讓你能輕鬆在四處穿梭，享受真正的自由自在。而在感情生活裡，只要你把放在對方生命裡的東西，局限在一只行李箱的範圍，所能獲得的自由，卻出乎意料的廣大。」她不是在賣行李箱的公司上班，但她所說的這個道理，讓我們同意得想馬上去買一只。

聚會過後，我們一夥人各自散去。我回到家，帶著未卸的妝，倒頭就睡。隔日醒來，正當我煮著咖啡，想把自己逼著清醒時，我看著手裡的咖啡杯，想到了上次分手時因為帶不走而留在那個男人家裡的昂貴杯組，想起了昨晚她所說的「一只行李箱準則」，想著如果早些年認識她，也許我今日還拿著那組心愛的杯組喝我的咖啡！

喝完咖啡，走進浴室，終於要把那隔夜的濃妝給卸了。手邊的化妝油包裝上寫著「清爽、無負擔」，我不禁笑了，決定洗完澡之後，就去百貨公司買一只好用的行李箱，作為自己無負擔的新年禮物。

死神賦予的重生

假使愛情會死，也不要害怕，

因為死過之後，就是重生了！

她生日那天，朋友送的禮物，是一個卦。

「反正你什麼都有了，與其多送你一個用不上的東西，放在那兒積灰塵，不如我替你占個卜，知道你這一年會如何吧？」擔任占卜師的朋友，從包包裡拿出了細心保護的塔羅牌，仔細的抽牌、洗牌，然後放在桌布上。「來吧，說說你想知道什麼？」

「感情，算感情吧！」她對占卜師朋友說。她算命總是算感情，因為健康要靠平時保養，如果還生病那是天意；事業是自己的執著，就算有人叫她別做，她要喜歡還是會堅持；家庭是幾十年甚至到前生的恩怨情仇，一家人相處了這麼多年，如果有問題，不是互相折磨，就是一時的爭吵。唯有感情，帶給她許多困惑，讓她猜不著、摸不透，真希望有人能夠告訴自己解答，讓眼前的陰霾變得清楚晴朗。

占卜師要她專心洗牌，好好想著自己的問題，於是她閉上了眼，腦中立即掠過了那人的臉，她才驚訝，原來這麼久不見的一個人，居然在自己的記憶裡，依然如此清晰，然而他所代表的，卻是一個莫大的問號，糾結在心中的疑惑。那張臉伴著她洗牌、切牌，她將切好的牌端正的放在桌上。

「好了嗎？」占卜師問。她點點頭。

占卜師翻出的牌，光看圖像就知道不太吉祥：刀劍刺得人血流滿地，孤獨的皇后抱著空花瓶等待著有人來填滿她的空虛，唯一態度張揚的，是衣服穿著軍服的骷髏，扛著劍指高氣昂的騎在馬上，笑傲著這副牌。

「這樣的牌……不太好吧？」她吞吞吐吐，血水與孤獨，骷髏與黑馬的牌，果真嚇到她了。反倒是占卜師一臉不疾不徐，穩穩重重的看著這牌，抬起眼詢問：「最近有遇到什麼事情，你很想擺脫、轉變的嗎？」

「轉變？」從某一個年紀開始，她就決定，往後只做自己想做的事，如果自己感覺被卡在泥淖中，原因只有一個。沒錯，是個男人。那男人過去像股恆存溫暖，柔柔熱熱的將她收藏在身邊，用忽遠忽近的曖昧維繫著。他從不承認兩人之間存有什麼，而她也倔強的裝作無所謂，只是他的一切卻一直縈繞在她的腦海，在她的心裡，形成了一種執著，捆住了她的元神，讓所有的心思，不由自主的放在他身上每個小細節。她想照顧他、跟隨他，誰知他並沒打算為她定下，於是他越離越遠，她卻無力挽留，受困的心被自己逼近瘋狂。

「擺脫嗎？」她問。是吧！她想擺脫的，正是為了這男人，受困於瘋癲急躁的狀態，但這故事又說來話長，該怎麼用一副牌的時間，說完這麼長的心路歷程？

占卜師朋友見她遲疑，於是也不堅持繼續問下去，溫柔的指著那張空虛的皇后說：「其實你應該覺得自己目前的生活百無聊賴，以為愛情可以填滿自己的空虛，所以身邊只要有了類似愛情的東西，就想立刻收到你感情的聚寶盆裡……」占卜師繼續指著那張充滿血光的牌，一臉警戒的說道：「可是，這樣盲目收藏愛情的下場，卻會讓你受傷，你就會像牌裡這個被刀劍刺得滿身傷的傢伙一樣，血流成河。」

占卜師說話的方式，像極了對孩子看圖說故事，然而卻說中了她內心底的私事。「對啊，愛情不都是因為無聊嗎？」她突然有這樣的體悟。然後，她指著最令人毛骨悚然的那張牌，問占卜師：「那這張呢？上頭有骷髏的這張，代表了什麼？」

原本嚴肅的占卜師，突然在這兒溫柔的笑了。「這張是死神牌，死神代表死亡，但死神牌不一定不好，因為它同時代表了重生。」占卜師看著她，眼神充滿了希望。「這其實是你一個機會，讓你可以重新反轉你的人生，走好了，你就可以重新開始，走不好，那就是另一個地獄。」

占卜師當然希望她能做出好的選擇，讓她的人生就此改變。她看著眼前這名送她一卦的朋友，知道自己沒有再次沉淪的餘地。而重生或沉淪的關鍵，只有在於自己的選擇。

「好吧，我懂了！」她笑了。一念天堂，一念地獄，她離開占卜師的咖啡廳，告訴自己：「從現在開始，我不會再想你！」讓死神手上的鐮刀，斬斷過往痛苦的戀情，讓死神賦予重生，讓新生別處精采。

偷來的情，只是一扇狹窄的氣窗

我們都以為，女人要的是穩定，男人要的是自由。

奇怪的是，當人遇上低潮時，
女人會選擇自由自在的旅行，
男人反而會去找另一個女人偷情。
情之所以讓人想偷，是因為巨大的現實壓得讓人喘不過氣，
那偷來的情像是一扇氣窗，給予了新鮮空氣。
但他不知道，女人找到自由之後，誰還想在男人身邊當什麼氣窗？
想呼吸新鮮空氣？買個氧氣桶實在些吧！

她在近午夜時接到他的電話，他問是否可以去她的住所喝一杯。他們住的地方不遠，她擁有一個單身小套房，他則擁有一個家庭。她覺得這個時間不方便單獨接待人夫，即使他們是認識十多年的老友，她還是婉拒了，但他如果需要聊聊，可以到附近的小酒館裡碰面。

於是，午夜，她身著輕裝，已經卸掉的妝沒再補上，就這樣出門。她門口有面鏡子，方

便出門時整理儀容，臨走前，她從那面鏡子裡發現沒有妝容的她，像隻原形畢露的妖精，拖著副灰暗皺褶的肉體，只能藏身暗處。

她聳聳肩，對自己說：「老了！」

他們是大學同學，在學校時算有交情，至少分組報告一定會同一組，這在入學時就說好了，不管怎麼樣，他們一定要同一組，因為不想面臨找不到伴的尷尬。不過說彼此認識十幾年了只是好聽，其實大學畢業後根本就沒有聯絡了。中間過了有七八年吧？

重逢的那下午，她正坐在咖啡廳裡，啜飲著她認為整個城裡最好的咖啡，剛離開了積怨已久的工作，卻還不知道下一步該走去哪；而他，被客戶放了鴿子，正苦惱該往哪去打發時間的時候，透過玻璃落地窗，他見到了熟悉的臉龐。

「林雅玲！」他喊她？

「王永智！」她驚訝的抬起頭。

久別重逢，這兩個傢伙那一天，從下午聊到晚上。雅玲告訴永智，自己畢業之後出國唸書，差點嫁給當地老外，後來迷途知返，回到台灣進了不錯的公司，一路打拚很多年，誰知道最後成了內鬥的受害者。而永智告訴雅玲，他跟認識多年的女友預計明年結婚，老闆明年要晉升他做經理，再拚一年他就可以不必在外頭奔波。

接下來幾年，雅玲與永智生活截然不同：雅玲在工作上沒太大進步，四處接接案賺點小錢，有空就出門旅行，拍拍照，寫寫東西。她出門的時候，永智會充當司機給她接送。永智如他所計畫，工作一路攀升，爬到總監的位子，與相戀多年的女友結婚、生了小孩。這一切過程，雅玲都陪伴著這個失而復得的好友。

雅玲常跟永智說，自己是人生失敗組的組長，而他，是人生勝利組的領班。雅玲講得心酸酸，永智也不否認這事實，但她說，不管他倆的人生會是怎麼樣，總之，他們會永遠在彼此身邊，他們是最好的麻吉！

只是這陣子，永智眼神中顯露疲態。他不抱怨，但雅玲猜得出。每次她講述著自己自由的生活，永智總會有點落寞。雅玲知道，永智羨慕她。

這一晚她出門前，已經猜到今晚永智想要什麼。雅玲是他沈重生活裡唯一的救贖，透過雅玲，他才有一絲絲呼吸的空間，但他習慣了那長居的宅子，再也不敢走出來。

酒館裡的永智，臉色憔悴，胡亂的說著不同主題：過於沈重的菸味、不夠濃醇的調酒、耗着油味的冷炸雞、過高的房價、老婆的歇斯底里、愛哭鬧的兒子永遠不知人間疾苦。他握著雅玲的手，眼神只有在注視她時，才湧現希望。她懂了，永智要的更多，大宅子裡愈來愈沈悶了，他想要一條通道，需要雅玲領他隨時出來透透氣，好讓他能再回到那宅子裡繼續過美滿人生。

《花樣年華》裡的周慕雲跟蘇麗珍是怎麼開始的呢？都是苦悶吧！他們替自己找了一個小空間，在那個不屬於任何世界的小房間裡，感情得以恣意延展，放縱到無須克制的地步。

可是這不是她跟永智的狀況，雅玲也許寂寞，但她不苦悶。

於是她鬆開了手，口氣或許有點冷，只是友情也許可以永遠看護著一個像小孩的男人，但跨越了界線，感情反而是小心眼的。

「十年前，或許我願意；十年後，已經不可能。你也許只有我一扇氣窗，但我面前展開著很寬廣的路，我不可能守著你卻看著前面的路不去闖，而你既然早已決定自己的人生，怎麼可以拖著別人跟你一起面對？」

雅玲走出酒吧，頭都沒回，但她依然激動的流了淚，只因失去了一個朋友。這下子得獨自冒著黑夜走回家。未來的日子她得多承受一點孤獨，但她決定，這天下不管什麼她都不想偷，包括感情。

愛情的命相

算命，人老愛算愛情。

或許愛情太捉摸不定，而我們又太想把它握在手心，所以我們老向人請益，求求你告訴我怎麼掌握愛情！

難道，愛情真有自己的命相？

如果有的話，那我們為什麼永遠看不清？

老師盯著我的命盤，抓著頭、皺著眉。

「小姐，你這個命盤啊……我看未來婚姻辛苦喔！」老先生似乎很苦悶，但遠不及我內心的酸楚。單身多年，很想了解什麼時候才能終結這種寂寞，於是朋友才介紹了這個「老師」，替我指點迷津。

沒想到老師講話挺直接的。

「你啊，三十歲的時候就應該要結婚啦！怎麼沒結婚呢？那是你的正緣，你一定是沒有把握住，才讓這個帥哥溜走。」

是的，三十歲時我的確跟他談過婚姻，但雙方害怕的都不敢承諾。最後他劈腿，我以一巴掌結束這段感情。

劈腿的男人不可信，劈腿又讓人抓包的男人，更要盡量保持距離，這不是普世皆知的道理嗎？隨便問個路人甲乙丙丁，都能這樣告訴你，但眼前的這位「大師」，怎麼會說那劈腿的男人是「正緣」呢？難不成我就命苦到注定得把一生託付給一個不忠誠的男人嗎？

「不過沒關係，你姻緣沒斷，還是有機會。」

「那是什麼時候？」我的急切，天地應該感受到了。

「今年，一定會！」老師鐵口直斷。「不過……」

天下最無奈的詞彙莫過於「可是」及「不過」，兩者皆像把戳破幻夢的利劍，唰唰唰，就把短暫的喜悅給劈裂了。

「你老公在你四十歲那年會外遇，婚姻會出現危機。小姐……你的事業很強，夫妻宮很弱，本來就是會孤老的命，這沒辦法的，要認命。」

掏出三千六，老師微笑的說了聲「貪財」後收下，我無言的走出那個被稱為「宮」的相命場所。天色已晚，一個人茫然的走在街頭，孤單激發了無助，眼淚汩汩湧出了雙眼，我終於還是哭了，拿起電話，打給唯一一個知道我來看命的朋友，向他哭訴：「我不懂欸，他說我三十歲該嫁給那個人，但我那時根本不想嫁給他啊！硬要我嫁給他，就能保證我幸福不孤老嗎？我不覺得欸！」

朋友教我別激動，他幫我約另一個朋友，那位仙姑把研究命盤當興趣，不收費的，我請她喝咖啡就好。

朋友的朋友是位外表忘塵脫俗、長髮飄逸的女子，我們坐在一間裝潢明亮寬敞的咖啡廳，先是隨口亂聊，然後她才切入主題，要我把命盤給她看，我也終於劈哩啪啦講起那位大師所說的一切。

她端詳了我的命盤，平靜的告訴我：「他說的其實沒錯，其實不管給誰排，人的命盤都是一樣的，要看解的人怎麼說。我得老實告訴你，從命盤看來，你這輩子注定要跟別人『分尪』，你的另一半會因為你而離開原有的伴侶，但他也會有劈腿的危機。」

聽到一半，我的眼淚已經開始掉了，沒想到我不但會被劈腿，還得先當人小三。

長髮的新朋友稍停，讓我情緒放鬆，把我的命盤放一邊，看著我說：「這個年代，外遇其實是每一段婚姻都有需要面臨的課題，誰知道十年後我們會遇到什麼樣的人跟事？就算你們結婚，婚姻也只是合法保證兩個人在社會上的關係，卻關不住欲望跟情感，對你是如此，對你的另一半，當然也是如此，畢竟，你們兩個都是人啊！」

半涼的咖啡，酸味漸濃，跟剛開始入口的味道有很顯著的差異，猛然啜一口，沒有心理準備還挺受驚。「不過啊，」長髮新朋友拿回我的命盤看了看，抬起頭，微笑對我說：「你的男人很愛你的喲！至少，你會一直是他心頭的最愛，他要出軌，自己一定很痛苦，不過依你的個性，一定會氣到不想原諒他的啦！」

命盤能看出個性，這也是我後來才知道的。

「感情遇上第三者，不是只有一種解決方法，試著用人的角度去想，在面對劈腿問題的時候，如果你依然想要挽救這段關係，那就冷靜的先放下自己的憤怒，先去找出問題的核心，不然只是因為情緒，就推開一個其實很愛你的人，說實話不太值得。」

我驚訝的看著眼前的這位新朋友，猜測她應該某位「ＸＸ夫人」，用筆名在報章雜誌替讀者解決愛情困擾。

「再說，」她又把命盤丟一邊了，「你的命會不會照著命盤走，還不知道呢！」

一年之後，我依然單身，鐵口直斷的相命老師沒說準，而我也沒再見過那位長髮朋友。

後來我找過不同人請教人生問題，他們除了口徑一致要我不要自己當老闆外，愛情的部分，沒有一個說法相同。

天長地久

因為被愛情傷了太深，她選擇了不再相信，藉此無欲無求。
「什麼樣的人最大？什麼都不要的人，最大！」這樣說，或許有點瀟灑，
但她真的什麼都不要了？
可能她受夠了對愛情搖尾乞憐，與其如此，不如啥都不要吧！
她所有的道理背後，都埋著一道天長地久的傷口。

他坐在吧台，看著那名女子，依著樂曲的旋律，沉醉的擺動。他盯著她，不只是因為她那能隨著音樂擺動自如的身軀，所展放出的魅力，更令他所驚奇的，是那女子的舞姿，所釋放出的自由。那是一種他無法達到的境界。

他無法跳舞。就在十分鐘前，那女子問他：「陪我去跳舞吧？」他搖搖頭，堅持。他辯稱自己的身體僵硬宛如鋼鐵，無法隨樂曲搖動，他不是音癡，他的歌甚至唱得不錯，只是他的身體像是被鋼索綑綁，踏出的每個舞步，都僵硬得可笑。女子只好失望的走進大廳，與其他觀光客一起舞動。

他看著她，那不是夜店裡那種讓人眼花撩亂的色燈四處探照的場合，然而當她沉醉在舞

步時，他似乎見到了一束光芒籠罩著她，照亮了她微笑的臉跟眼。而也就是在這個時候，他幾乎確定，自己愛上了這個在旅行中結識的陌生女子。

旅行是這樣的，你規畫了一條道路，走著走著，會發現有不少人，跟你一樣走在這條自己為特別的路途上。你從某個車站出發，看見某些似曾相識的人，跟你搭上了同一班列車；然後，你在某地停留，會發現一個之前跟你在某處擦身而過的熟悉臉龐，跟你落腳在同一間旅店。和同一個人遇見久了，即使你們從未向彼此介紹自己，也會微笑打聲招呼，算是有了個照應。這個女子，就是這樣與他結識的。

人生活了超過了三分之一，一個大男人總算決定來一趟自己的壯遊，認識了這個他無法不看見的女人。當他們終於在旅店裡說上話時，他聊到自己其實不太習慣一個人旅行，這次他出來走這一趟，大家都嘖嘖稱奇，說他勇敢，然而他覺得，那些人只是比他居安、不願改變而已。於是她問了，是什麼原因讓他決定一個人出來旅行？他說了幾個理由：結束了一份工作、結束了一份感情。當生命中很多他認為重要的事情，突然都被迫告一段落的時候，他就認為，也許得要開發另一個新的開始了。女子微笑，可能心有同感。

接著他問：「那妳呢？為什麼一個人旅行？」

女子瀟灑的看著前方，說：「我一直都一個人！」

她一直都一個人，因為她無法被任何外力給束縛。她工作，只為了讓自己能完全逃脫；她戀愛，但拒絕讓自己陷得無法自拔。她最痛恨看那種刻骨愛戀的電影。

「為什麼？」他問。她說，大家都以為愛情會天長地久，但最後，相信這鬼道理的人，通常就是受傷的那個人。「說穿了，什麼天長地久的愛情，最後只是商人推銷的手法而已。」她說。

而他充滿好奇的問：「所以對妳來說，什麼是永遠呢？」

她的喉帶像是被切斷又被接起一般，先是一語不發，然後用乾澀的聲音，配著鄙夷的嘴角與眼神，「得不到的，才能真的天長地久！」

他們倆相遇之後，就成了同路的旅人了。他很高興有她的陪伴，而她似乎也不在意有氣味相投的人偶爾叨擾她的孤獨。他承認，這個自由的女子讓他變自在了，讓他暫時忘卻了在故鄉的土地上，所有人加諸給他的禮教道德、社會枷鎖。他能夠大笑，不怕別人的側目；他甚至一度喝醉，醉到忘了自己究竟胡言亂語了什麼，而她也堅持不重述。這一切都在旅程中，慢慢的發生，直到這一刻，他看著獨舞的他，才發現這個女子，把他帶領到了什麼境地。

女子回到他身邊，獨舞之後的愉悅，還留在她嘴角。她點了杯酒，也發現了他的注視。「你不能這樣一直看著我，卻不肯跟我一起放開自己。」她將眼前的酒一口飲進，微醺的她抓起他的手，放在自己腰際。

「來吧！說不定你此生只有一次機會，讓自己跳舞了！」

她領著他一邊舞動著，一邊將手畫過他僵直的身體，像是解開他身上無形的枷鎖，逐漸將他釋放。他終於跳舞了！

當他閉上眼睛、隨意晃動時，她在這一刻吻了他。他張開眼，看著她澄澈的雙瞳，思索著該怎麼留住自由的她。她微笑，和緩的搖了搖頭，像是看穿了他的心思。而這下子他才理解，為什麼她說得不到的，才是天長地久。

因為她會在他的回憶裡，天長地久。

肉體

完美，其實讓人恐懼。因為完美是非人的，
是一種屬於鬼神才能擁有的境界，
對於完美的一切，凡人如我們，看著、望著、欲著，
一旦碰觸到了，反而害怕了。
愛情容不下完美。
愛情是缺陷的包容。

一開始，這個男人吸引她的地方，是他的眼神。好幾次她都發現，男人趁她不注意時偷看她，而當她轉過頭與他四目交會，男人又驚慌撇開，假裝若無其事。一直到這晚，他們又再度相逢，男人終於不畏懼與她相互凝視，並且露出溫柔的微笑，她才認為時機已經成熟，於是假藉著微醺的狀態去買菸，要男人陪著去。外頭下著細雨，他倆撐著一把小型透明傘，男人順勢把手放在她的腰側，並且隱晦的、用手指愛撫她的背，她全身最敏感的地方，這是他們第一次肢體的接觸。

男人的打扮相當樸實，似乎希望自己隱沒在芸芸眾生之中。有他的場合，不會有女人特

意去打量他的肉體。她一開始還覺得，只因眼神而迷戀一個男人，實在太詭異。於是她趁人不注意時，偷偷觀察了這傢伙的身體。她發現了，他平實的打扮下，其實藏著一副相當誘人的身軀：長袖襯衫包裹著結實的臂肌，寬闊的肩膀讓衣服有時顯得稍微緊繃，雖然穿的是普通的牛仔褲，卻很難不瞥到他的翹臀。這下她反而開始有了罪惡感，她不停想說服自己，一切的欲望及幻想都只存在自己的腦中，但她也感覺到，那傢伙似乎注意到了她掃射自己身體的眼光，並且樂在其中。

那天晚上，她說自己醉了得先走，男人順勢說要送她回家，於是也就進了她家門，大門一關所有的欲望宛如脫韁野馬，兩個渴望已久的肉體立即火熱糾纏。

她很期待，解開他襯衫釦子的那過程，就像拆開盼望已久的禮物，想立即扯掉那些礙手礙腳的包裝紙，撫摸盒子裡的大禮。果不其然，男人的肉體如她所觀察，堅實的臂膀，傲人的胸肌，她的指尖順著肌肉線條滑過，往下沉到腹部，啊！這男人真了不起，還有腹肌，就是謠傳中如巧克力般的六塊堅實的腹肌。她只在雜誌上的西洋男模身上看過，實品呈現倒是第一回。她驚訝的望著男人的腹部，像見到剛出土的古文明般小心翼翼的觸碰。男人大概是把這當成了一種恭維，面露虛榮的微笑，接著就肆無忌憚的撲向她，任憑欲望在兩人身上為所欲為。

當一切風暴結束之後，男人將她擁入懷裡睡著。她花了一番力氣，才成功脫離他的胸膛與手臂而不驚醒他。她起身，點了一根菸，回頭看看床上的這男人，回想著方才發生的一切。沒有什麼不好，但她就無法投入。那男人的身體太結實了，她彷彿在跟一顆大石頭做愛，無法感受到任何柔軟，就連擁抱也如此堅硬，把她從歡愉拉回現實，讓她只好做做樣子，匆匆結束這場災難。

怎麼搞的，眼前這副不就是完美的肉體嗎？

她在自己的床邊繞啊繞的，看著床上這個沉睡的地獄怪客。他簡直可以去演好萊塢的動作片了，不管是雷神還是美國隊長，他應該都毫不遜色。但怎麼她腦子裡浮現的反而是一隻醜怪的爬蟲，那層次分明的四肢像極了甲蟲的節肢，而那腹肌……怎麼都讓她聯想起昆蟲的腹部啊！

她打了個哆嗦，套上睡衣去客廳裡窩著。她最討厭昆蟲了，剛剛睡在他胸膛上，也讓她想起小時候阿嬤最愛睡的那種硬枕頭。她從來不懂頭枕在那上頭怎麼睡得好。

她想起前一個睡在她床上的男人，跟現在這傢伙相反：衣服遮著看不見，衣服一脫油肥大肚就袒了出來，讓她倒盡胃口。不過也是因為他的關係，她才會去留意現在睡在床上那傢伙的身材。這也不好，那也不好，那到底怎麼樣才好？她一定是太挑食了，才會到今天還無法定下來。

突然她想到了上一回認真放感情的那男人，一個有著普通身軀的普通男人。他最常說自己身材不好，應該去練好一些，才不會中年發福，變成毫無魅力的大叔。那時，她枕在他腿上，用手指掐掐他肚子說：「練結實點也好，不過可否留一點軟軟的肚子給我，這樣我才有舒服的地方可以靠。」

想到這，她自己都忍不住笑了。原來絕對不能讓自己的肉體跌到三十分，但也不能高到九十分，六、七十分的身軀，才是最完美的。

欲望的避風港

感情要的，
是一個能夠永久居留的城市，以及不再揚帆的船隻；
欲望要的，
只是一場短暫的華美，讓人留下綺色的回憶。
船隻靠岸，為的是再出發。
它只是要個暫時的避風港，
風雨過後，各奔東西。

豔夏的酷暑連續折騰了人間好幾天，她知道這是風暴抵達的前兆。這兩天下午，窗外吹起了陣陣微風，讓炙人的高溫稍稍退散了些。微風一過，夏天的火神又坐回原位，繼續拿著高溫的火焰四處揮舞，等待下一陣微風溫柔的吹進房裡，帶來一陣清爽的氣息。

她其實一點都不討厭颱風天，颱風可以喚起她很多美好的記憶。小時候只要遇上颱風天，母親就會煮上熱騰騰的鹹粥，一家子人就圍著客廳裡平時不能擺碗筷的茶几，邊吃鹹粥邊看著電視台播報颱風最新動向。這是童年時期颱風天的回憶。而後電視台多了好幾台，兄弟姊妹陸續成家，自己也搬出家裡，那種緊密的依存感，也伴隨著離開。

那種依存感，有一天讓她在情人們身上給找到了。颱風天於是也成了情人的記憶。許多次的戀情，都是在風雨的催化下促成。當時依戀她的情人，會來陪伴她度過狂烈的風暴。即使風雨根本都被好好的擋在外頭，但在她簡單窄小的房間裡，製造著另一種炙烈的激情，用以平衡泥牆外的暴雨。激情過後，她會打開窗，讓瘋狂的雨水吹打進來，有的情人怕弄濕床單，伸手去把被風吹得狂躁震動的窗戶關上，以為這樣就能留下一股乾淨舒爽。只要情人做出這個動作，她就知道他們兩人緣分有限。激情是一場不規則的風暴，而他還奢望著與世隔絕的理智與整齊？她因此而鄙視他，不是因為他的愚蠢，是因為他那只想安身立命的潛在意識。

有的情人懂她，知道她喜歡風暴後的涼爽，於是順勢逗弄著那些貼附在她身上的雨水。那樣的情人總是讓她耽溺，但也總製造出更多不願意讓她提起的回憶。於是記憶刪刪減減，最後停留下來的，只剩颱風天那短暫的時光。

颱風過後，緊接著來的，會是比之前更殘酷的高溫。原本的濕潤繾綣，一下子隨著烈日的烤曬而蒸發。街上那一對對豔陽下的小情侶們，夏天是他們曝曬戀情的時機，不管旁人是否覺得他們的行徑是否過於黏膩，他們只是肆無忌憚的炫耀自己的幸福。不像她，她是低調的。

過於耀眼的陽光只會讓她覺得雙眼刺痛，連帶著讓她心情頹廢。那陽光照亮了那些戀人，卻拉遠了她與情人間的距離，光亮總是讓人看不清對方。她討厭陽光，討厭那藉機依附閃耀的一切。好一段時間，她搞不懂問題到底是出在哪裡。最後她知道了，她眷戀的是那種不能攤在太陽底下的微妙愛戀，那種屬於幽暗、潮濕、卻深入的空間，將愛意擠壓在狹窄的時間長廊，不要太久，不必太長，太陽出來，風暴過後，一切回歸平靜。

微風再度吹進她的房間，那風吹的頻率更密集了，偶有著呼嘯聲，伴隨著幾滴毫不理性的雨點，宣示著風暴即將抵達。她站到了窗邊，看著遠處尚存著那片火色的天空，不少人現在正瘋狂的拿著手機拍照吧？急著想把這暴風雨前的寧靜保存下來。或許這些人壓根沒想到，那日落有多美麗眩人，之後的風暴就有多狂野。他們只是活在當下，不問原因，不管未來。也許問再多、看再遠，也無法決定自己的今後。人被世間改造成只能想要抓住現在，穿上自私的衣裳，就是金鐘罩鐵布衫了。或許她比誰都早練就這番功夫，於是她才會這麼期待颱風天的到來。

她想起了什麼，遁回房裡拿了她的手機，傳了個簡訊給情人：「今晚風雨看來很大，來我這避難吧？」其實無難可避，她提供的，是一個讓欲望依存的避風港，給情人，也給自己。

日子繼續過下去

愛情還沒開始就是沒開始，
那些腦中小劇場裡所上演的情節，
再劇力萬鈞、扣人心弦，都只是妄想，
與其花時間在這上頭鑽研，
不如泡杯茶、看本書，日子繼續過下去……

「天底下有沒有所謂緣分這種事情？感情從何而來？」

她對這種問題很著迷。如果他們倆的緣分只是上班搭同一座電梯、午餐到小吃店被迫併桌吃飯、或是搭捷運時兩人並肩而坐，他們肯定不會注意到彼此，不過是另一個從眼前走過的陌生人，多看一眼也不會。甚至假使有朋友拿著對方的照片說：「欸，這個不錯，介紹給你？」她都會搖著頭推開，回答：「別鬧了，他不是我喜歡的那一型！」只有在發現「感覺」已經滋長的時候，她才會像考古一樣，翻閱記憶，去尋找情愫滋長的起點。每一回遇見一個傾心的對象，她都要重覆一次相同的過程。但這一次她警告自己：「就算找到了起點又如何？反正沒一次行得通的！」所謂的「感覺」冒出了芽，然後又默默的消失，連證據都沒留下，一切徒勞無功，只有自己激動的情緒把自己弄得狼狽不堪。

不過這次，對於這名男子，她卻找不著那個起點。「到底是從哪一刻開始對他『有感覺』的？」她記得起所有兩人相處的小細節，或許某些部分已經被自己的記憶給重新撰寫過。她曉得的，她經歷過，所謂的「後來想起來」都不真實，也許只是從自己希望發生的那種角度去詮釋罷了！但這次，沒有一個時間點，看起來疑似那所謂的「感覺」探出頭的起始點。沒有。她想透了每一個過程，就是找不出來。

這就像是狂翻著舊筆記、找著曾經手抄過的一條重點，誰教當初忘了貼上標籤，後來再尋就難了。一股懊惱蔓延著，但同時她又跟自己說：「這是一種幸運，這樣我就不必去想了，這事情沒發生，自己亂想的。」

她去沖了杯茶，打開書。外頭下起了豪雨，她決定用一杯茶跟一本書來打發人生其中一個無聊的午后，讓日子繼續過下去。書看著看著，腦子裡的思緒就是會忍不住往那個「從前」飄去：「不過不對啊，明明……我們就有著一種默契。我知道我們有同樣的想法，我們甚至都能夠異口同聲講出同一句話了。我發脾氣，你懂；你因惹我生氣而感到內疚，我知道；你像個小孩子一樣不敢與我四目交會，但我就是能從你眼神的某一個角度得知這個訊息？你一跟我對上眼就閃開，你一跟我談上心就低頭，你企圖隱藏，為了某些原因，我懂，因為我也是。」

他們都在避免某一種可能性的發生，因為害怕會改變了現在生活的平衡。聽說他不是單身，跟交往多年的女友安安穩穩過著尋常情侶的生活，許多親友催著他們快結婚，而他對於這種建議死不回應。或許他跟她一樣，告訴自己：「這都是亂想來著！」這話對自己講久了，總有一天，會變成一個事實：「的確，這都是亂想來著！」

她覺得自己可悲，感情這種事，本來就是想著的。如果你也不想他也不想，今天也就沒這麼個想了。不過在經歷過人生這麼多感情失敗的恥辱，她決定這次不要這麼勇敢，當一次鴕鳥，除非有更清楚的訊息，不然絕不向前。這很簡單的，就秉著類似一種宗教的遁世精神：不聽、不想、不看、不覺，然後就會不存在。日子繼續過下去。

她拿起了手中那杯茶，翻開了身旁那本書，從剛剛分神的那段繼續讀下去。

「要是有一天，在今天過了很久之後，我們在某一個時間點，我們聊起了，我們也證實了這件事，那我們會怎麼辦？」可能到時候，所有的情愫都消失了，那這是最好的情況，平衡依然保持著。我們不後悔，我們還是那個我們，是朋友，是兄弟，是不相關的人。日子繼續過下去。但萬一……萬一我們都還留有那一丁點的火苗，還有機會延燒成大火，那該怎麼辦？所謂的平衡已經存在很久了，像是一輩子或一個世紀那麼久，我們該去破壞它嗎？破壞存在已久的平衡，世界會不會翻動的更劇烈？日子該怎麼過下去？太多問號了。

她決定明天去找個算命師，來告訴自己答案。而現在，她還是先喝茶、看書，先把日子繼續過下去。

理智的代價

理智讓人清醒，讓人不偏不倚的，在生命該走的軌道上運行。

擁有理智的人，總是高智商的聰明人，讓人羨慕。
只是，愛情是脫離理智的情感，是一種斷線般的瘋狂，
沒有軌道可依循，沒有道理能解釋。
愛情違背理智，但理智防止人在情感上受到傷害。
是什麼原因，讓一個人只願相信理智，不肯跟隨情感？
他們受過了什麼傷，需要用理智築起一道保護牆？
相信理智的人，其實比相信情感的人更加脆弱。
他們比誰都需要溫柔的情感來融化。

演唱會的搖滾區裡，人們隨著樂團的旋律放肆的扭動身軀，有人像失魂般的尖叫狂吼，當主唱伸出手來靠近舞台邊緣，台下的人群蜂擁而上，像地獄裡的餓鬼，似乎只要碰到了偶像的金身，就能獲得拯救。這兒的氣氛是瘋狂的，有人流淚，有人暈眩，有人失序的跳動，這些人平常可能都謹守禮教，在這裡卻用力打破情感藩籬，迫不及待將自己推向高潮。

這氣氛把她給嚇壞了。

包圍著她的這些人，全像是中了邪術，掏空身體去表達對偶像的熱愛。她驚訝的看著眼前的情感對流：台下的人過於渴求，剝空自己將靈魂擲向台上的演出者，要他提供不可能對等的付出；台上的人竟也毫不客氣的搜括這些人的熱愛，將一種虛幻的神聖感內化，彷彿自己真有了神的金身。她無法承受這種非人的情感失衡，於是狼狽的匆匆退場。

她跑去廁所洗了把臉，讓自己稍稍冷靜，也不打算再回到場子裡了。脫離理智範疇的情感模式讓她恐懼、厭惡，從胃部升起了一陣噁心，於是傳了個簡訊給還在場內的友人：

「先走了，快吐了！」

這樣的症頭從什麼時候開始的？

年輕時候的她，也曾迷戀過，跟著同學一起追過貨櫃車演唱會，買禮物想辦法寄到心儀的偶像手中。如果她允許自己的情感繼續這樣墮落，也許今晚她就能夠跟那些瘋狂的樂迷一樣，朝著台上的樂團揮手、吼叫，渴盼能與他們四目相視，即使一秒也足夠。可惜不知曾幾何時，自己把這樣的激情能力給斷了，她再也無法讓自己的感情過於耽溺於某一特定的人事物。這可能跟她腦神經衰弱的問題有關。以往，她如果喜歡一首歌，就會重覆一直聽，聽到晚上無法成眠；喜歡吃一樣東西，餐餐都吃也無所謂，直到市場斷貨或是被人強迫改變；喜歡一個人，就放任自己墜入他的掌控，讓思緒隨他起伏，直到失控受傷。

原來，她是可以這樣耽溺的！回想起來，自己根本就著迷於這種感覺：令人窒息的感情束縛，沒有出口的愛情故事，沒有盡頭的旅行，深不見底的漩渦。只要她決心沈溺，她就會讓自己成為最墮落的那條靈魂，然而，理智總是會在那之前將她的思緒喚醒，這點她一直很慶幸。

曾經，她迷戀過一個男人。那男人充滿了缺陷，她卻像被下了蠱，明知自己陷在一段不對等、不應該、也不會有回報的情感陷阱，卻依然決定將自己丟進那流沙中，跟他攪和著，直到那男人使勁力氣擺脫她，讓她受盡屈辱，她才肯用最痛的方式，將對他的愛戀拔除。她戲稱那叫「排毒」，過程漫長而痛苦。等她終於走過，再往後回顧，發現那裡頭根本空虛的可笑，就算再見他，也無從找回當初那種深刻。痛苦的結果居然是空白，她嘲笑了自己的癡傻。

於是她養成了習慣，只要感覺自己有一絲沉迷熱愛的危機，就會迅速逃離。喜歡的歌，不聽；美的事物，不看；遇見喜歡的男人，保持距離避免墜入情網，斷絕所有受苦的可能性。後來她遇到另一個男人，那男人對她說：「這樣你根本無法戀愛！」她知道，雖然她渴望被愛，但愛情是一種無理的著魔，她不知自己在經歷了幾段牛鬼蛇神的糾纏後，自己還能否承受這種極端的愉悅與痛楚。

原來過去的情感消失了，傷口的結痂依然還在，不時提醒自己別再犯下相同的錯。於是她用理智，狠狠推開了那個因為愛她而提出警告的男人，他悲傷的抱怨，她的自私讓他受傷，但這並未博取她的同情，她離開時強忍著，千萬別回頭看他最後一眼。

離開演唱會後，她獨自走回了那個孤獨卻自以為愜意的角落。有時候她會幻想，或許哪天有個人會走到這裡，一把將她拉出那牆角。但很快的，她就發現這幾乎毫無可能，理智是保護她不再受傷的銅牆鐵壁，也阻隔了感情的接收與付出，悲傷的是，她自認可以處理這一切，雖然不能愛，但至少也不會再痛了！

大女人的滋味

有時高檔貨被不懂欣賞的人拿去了，只是糟蹋而已，
甚至到了平庸的人手上，還會被嫌棄。
期待錯誤，導致判斷上的錯誤，大女人在這點上，常常被男人給誤判了。
那些男人以為大女人難搞、強勢、不夠溫柔，
事實上是他們太平庸，只能給予平庸的期待，
超出他們期待的部分，他們應付不來。
大女人，的確強勢、獨立、自主，
溫柔的部分，沒遇到好的人，她們不隨意奉上。
她們不是酸甜好入口的調酒，是醇濃誠實的高檔威士忌。
遇到懂得欣賞的行家，她們才能發光，
不然她們寧可孤傲的存在著，也不願屈就平庸。

這男人默默的在她身邊潛伏了一段日子，這種關係算朋友吧？但他們談話時，像有陣電波默默的導入軀體，就明瞭兩人其實可以不只做朋友。

但他們還只是朋友，可能雙方都曾經問過自己：「為什麼沒能再進一步？」這感覺其實

是懊悔的，像是從小的夢想總是實現不了的那種無力感。

她的朋友說過：「如果一個男人對妳有興趣，他可不會斯文客氣的等妳，抓到機會就把妳撲倒了。」但他只像隻寵物待在她身邊，她感覺舒服自在，雖然偶爾會感到困惑，卻也能排解點寂寞。

不過她另一個朋友也說：「男人要對妳沒興趣，就不會花時間在妳身上。可能妳像是一堵撲不倒的高牆，就算男人想撲倒之前，也會先看看自己的能力，是否高攀的妳你這樣的女人。」她其實沒反對這種說法，而她似乎沒有被攀的急迫性。

攤牌的時刻來的很突然，這男人不過是跟她下班約了喝酒，他說起了自己幾段不成功的戀情，不成功的共同點：總之都是對方的錯，對方太黏人、對方無法獨立、對方缺乏自主性、對方沒有想法……。她對於與他談過戀愛的女人有什麼問題沒太大興趣，只是在另一個不相干的女性面前，放膽大聲說出前任不是的行為令她很不舒服。

「所以你希望，女人自己過自己的，不要黏著男人？」

「也不是，我也喜歡女生撒嬌，但要看對時機啊！」

「那什麼是好時機？」

男人一下子答不上。

「就是你需要她們的時候她們要出現，你不需要的時候她們要離開嗎？」她搖搖頭，「這樣似乎太自私了！」

聽到這句，原本如寵物般溫馴的男人，突然弓起了背，抬高了下巴，想把眼前這強勢的女子壓過，不過這外型精明的女人不悍而威，他只能強撐著自己故作的高傲，加以反擊。

「妳就是都這樣子，理智強悍，所以妳談不到戀愛！」那男人說完立即將臉別開，很明顯的是想躲避她的眼光。

這句話經過她的解讀，意味著：「妳別太聰明，否則我不要愛妳！」

突然，她嘗到一股失望的酸楚。這個男人終究不該期待。

她不知道他這究竟叫膽怯、懦弱？還只是單純的自私？他不敢愛她。如同朋友所說，不敢撲倒這堵高牆。因為他清楚得很，這女人根本不需要他，這點讓他害怕。他需要被需要，這是男性生存的基本需求，就跟在床上必須帶給女人性高潮一樣重要，帶給自己成就感與存在這世界的價值，證明他是有用的、偉大的。

這時代已經變了！男人要小女人的溫柔，卻不想要小女人的態度；要大女人的果決，卻不要大女人的獨立。

她想起了法國導演楚浮的電影裡，女人分手前對男友講的一句話：「你要的只是一個保母、妓女以及母親的綜合體！」她這才明瞭，其實男人不管表皮撐得再大，心靈上都是渺小的，這從他們被從母體生出來的那一刻就已經注定，自己必須依附著女性，只是世界強加給他們的形象，逼著他們不得不將自己放大，還得小心別把自己給撐破。

她面對這男人的批評，原本她是憤怒的，但終究原諒他的，既然生來如此，生後也非他所願的被逼上梁山，成了今日的樣子。她的憤怒變成了一陣同情，不過他卻見笑轉生氣，在這陣口角後匆匆離開，連酒錢都忘了付。

吧台只剩她一人，酒保在男人離開後，默默的遞上了一杯調酒。

「店裡招待。」

她回報一個感謝的微笑。

她不難過，她了解自己是個無法忍受雄性缺陷的大女人，她只是有一點點沮喪，在對他的電波熄滅後，心裡一陣可惜。

那潛伏的男人，瞬間就從她生命退場。

她喝了口招待的調酒——入口還有點酸甜的水果味，一下子被基底酒的甘苦給取代。

「哇，這酒叫什麼？好苦啊！」她皺著眉問了酒保。

「大女人的滋味。」酒保刻意擦著杯子，低頭微笑不看她。

她看了酒保一眼，要不是自己是常客，說不定不會喜歡這玩笑。

「大哥，你糗我啊？」她下意識噘了個嘴，像是撒嬌一樣回了酒保。

酒保看著她，笑著搖搖頭。

「這酒是給男人喝的——男人遇上大女人，一開始還以為她們跟其他女人一樣，酸酸甜甜好入口，喝下去了之後，才發現後頭帶的勁，是自己承受不住的。」

她被酒保給逗笑了。

「你知道我為什麼喜歡來你這兒喝酒嗎？因為你的酒不只是酒，裡頭有人生哲學。」

這會兒換酒保被她給逗笑了。

她又喝了一口調酒，這次她知道這酒的後勁，反而喜歡上了那苦後的回甘。

「那給女人喝的呢？大女人的滋味。」她問。

酒保想了想，拿了瓶高年分的單一純麥威士忌放在她面前。

「這個——醇厚、有層次、誠實、無雜質，重點是高貴，有點本事的男人才喝得懂，也喝得起。」

就連她自己也忍不住被那誘人的琥珀色給吸引，拿起了那瓶酒，認真的玩賞。

「小心點，是真的很貴，限量的。」酒保說。

她放回那瓶酒，手撐著頭專心看著酒保。

「你看，你現在又誇我了。」她說。

酒保小心翼翼的將那瓶酒收回原處。

「我是在誇酒，再說，喝得懂這種酒的男人，已經不多了——我看妳得再耐心點找。」

她想著酒保的話，喝著眼前的調酒，想著那瓶高貴的威士忌。她知道自己的價值，知道會欣賞自己的男人，肯定是個高段班，因為低段的，她也看不上。

突然間，那男人所帶來的憤怒與失落沒那麼強烈了。既然自己夠好，就毋需那麼憂慮。反正，與其硬找個不相稱的來作伴，弄得彼此難受，她寧可自己開心過日子。而那個懂得欣賞她的男人，如果真有這個人，那他總會出現。等他出現時，她絕對會好好把握。

第三者

出軌，不能老是怪第三者。

你問問那出軌的男人，他放不下家庭，也放不下小三，他什麼都要！那不叫愛，那叫自私與貪婪。

他說：「我是真的愛你！」事實上，他只愛他自己。

愛情，本來就是自私的？

是啊，那又何必如此無私的

成為他愛情拼圖裡隱藏版的第三者呢？

很奇怪是嗎？關於我想見見你家人這件事。我無意間跟你提過一次，那時你剛跟孩子剛通完電話，我隨口說了：「真想知道你孩子的長相。」你只是默默的將電話收起，假裝沒聽見這件事，於是我也不再提起。那天晚上，你在床上對我說：「我在這裡，就只有我，跟你。」是要我在與你相處的時候，忘記你有家人這回事。的確，你幾乎沒跟我提起過你的家庭：你的妻子，和你與她生下的一對子女。你們長期分隔兩地，每週電話聯絡兩次。你提過一次，你跟她之間已經沒有愛情了，若要有，也只剩下恩情。不過你真的愛兩個孩子，你願意為他們付出一切，這一切包括了守住這個家庭，並把對我的愛藏在別處。

我們的祕密保守得很好。除了幾個親近朋友，沒有人知道我們的關係。公共場合上，我們偽裝得很平常，你知情的朋友看了，跑來警惕我，說像我這樣的角色，你不是頭一次擁有。但我絲毫不在意，我徹頭徹尾知道自己的身分，我愛的是這副軀殼與裡的這條靈魂，我是帶真感情的第三者，情感世界裡最低下的角色。

結束了海外業務，我們回到了故鄉。你說，我們未必需要結束這一切，你已經把靈魂交付給我，希望我能與你一起守著。

這責任太重大了，我無以置評。但我看著你憂傷的臉龐，心裡想著：一個女人與你生下的孩子，會是什麼模樣？他們會有你的眼睛、雙唇、還是你稚氣的笑容？那個女人呢？她的模樣如何？長髮、短髮、薄唇、細腿、鼻子挺嗎、額頭高嗎？你身上沒有任何妻子的照片，你與我在一起時，把家庭的一切都收了起來。你說過，這裡只有我，跟你。

同事搬新宅，邀請大家來暖屋，大夥都去了。我原本不想參加，我討厭在公共場合與你故作平常的作為，但他妻子告訴我，你們兩家是舊識，你全家都會到，於是我答應了邀請，同事用眼神央求我別去，但我堅定的笑容代替言語的回覆——我想去，我想見見你家人的模樣。

我該怎麼描述這晚的心情？

有種「真相終於要大白了」的感覺吧？我不緊張、不痛苦。同事將你的妻子、孩子介紹給我，我熱情的與他們打招呼。與你，則是一如往常的平常作為。我喜歡你的妻子，及肩的長髮梳了個髻，劉海有氣質的落在額上，她的皮膚白皙，說話相當有內涵，語氣相當溫柔。真搞不懂你為何會不愛她，除了生產讓體型略為中廣外，她幾乎沒有任何缺點。你的孩子，如我想像，有你的眼睛，你害羞的笑容，你的稚氣。他們好奇的問我在世界旅行的見聞，我也毫不保留與他們分享。他們很喜歡我，我可以感覺得出來。反倒是你，那天的眼神一點都不平常，悲傷、生氣、內疚。你看著我，像在說自己還能做什麼，想挽回什麼。你的平常作為裡不會這麼多情緒，我今天表現得很正常，你應該嘉獎我才對。不過那天晚上，我們都太執著於自己的情緒，和自己想得到的答案，反而忘了你妻子的反應。她知道了吧？畢竟你的表現如此失常，而這又不是你第一次出軌。我怎麼肯定她知道？結束之後，她堅持要我搭你們的便車回去，要你先載他們回家，再把我載回住所。一般人不會這樣吧？她肯定是知道了什麼，她應該是希望你把事情處理妥當。

送回你妻兒後，我們之間的交談是你先開口的。你說：「所以你見到了，我的家人。」我只是淡淡的回答了一句：「嗯。」要是說你孩子真可愛，你妻子真美，那就見外了。

到了住處，你沒想跟著我上樓，只放我在門口下車。臨下車前，你抓住了我的手，什麼也沒說；我也把手掙脫，微微笑什麼也沒說。

配合這樣的心情，今晚應該下大雨才是。然而今晚很晴朗，可惜城市裡看不見滿天星斗。我單方面作了決定，這是我們最後一次見面了。我決定放下你，因為你永遠離不開你的包袱，我的眼前還有這麼一大片星空，我得去尋找一個完全站在我這邊的世界。

這決定很自私嗎？「愛情本來就是自私的」，大家不都這麼說。

只想在你身邊

愛情，最怕死不承認。

明明很愛對方，卻替自己找理由——「我不愛我不愛我不愛」；

每一次對愛的否定，都更加深自己的愛意；

自己愛得越深，就得更加否定心裡的那分愛意。

簡直就是一場自己跟自己的戰爭，

沒有贏家，只有輸家，也就是自己。

活得如此辛苦，又是何必呢？

有愛，就算不敢說，至少對自己承認吧！

正視自己的情感，至少活得舒坦。

「你知道嗎？那個張恬恬，就是老闆的『朋友』，我說朋友你懂我的意思吧？她真是一個好漂亮的女生啊！年紀也不小了，但完全看不出年紀，總是這麼美……」

我其實不知道小風口中的「張恬恬」長得是圓是方、頭髮是短是長，對我而言，那只是個陌生人，只存在於小風的對話裡。小風最近常常提起這個女人，然而我並不驚訝，因為小風談話的內容裡，除了她的工作，就是她老闆的一切。

小風是個忠誠的祕書，跟在她口中的「老闆」身邊已有一段時間。這個「老闆」雖然年紀四十好幾了，但外型穩重俊俏又風度翩翩，異性緣相當好。他對人也相當親切，尤其是對忠心耿耿的小風。大家都說小風好幸運，幹嘛不乾脆對老闆放放電，說不定老闆馬上就收為囊中物呢？

小風對這種說法總是嗤之以鼻：「我跟他只有工作關係！」話是這樣說，但老闆真的占據了小風所有的生命。她沒有男友，跟家人極少往來。每天起床，就是走進辦公室，替老闆弄早餐、準備一整天的工作內容。對於工作，使命必達。她不休假，除非老闆硬要她休。這種天使員工，別說提燈籠找不到，就算打顆人造衛星都未必能找著。有人無法忍受這種沒有私生活的工作狀況，但她樂在其中，老闆就是她的一切。

小風總是特別愛稱讚老闆的情人們，只是她的稱讚，總讓人有點無言以對，因為那不像是發自內心的喜愛，只是幾個空泛的形容詞輪迴：她好美唷！她好聰明唷！她好賢慧唷！她好厲害唷！……聽這種讚美，像看人拿空氣槍射著空中的肥皂泡，毫無重點。你真認真問起她美在哪兒？如何聰明？怎樣賢慧？有多厲害？小風會馬上改變話題。我後來就不再追問了，因為我開始懷疑，那應該不是真心稱讚，反而像在說服自己，接受這些女人比自己好。

「但是小風何必這樣做呢？她領的是老闆給的薪水，做的是老闆要她做的事，跟那些女人完全無關啊！」一個也發現這問題的朋友，有次這樣問起。

我微笑裝傻，沒有回答。有時候，連當事人都不想承認的情感，萬一旁人替她說了，只是逼她更用力的否認，激起她更大的怒火。

這陣子，小風在相約吃飯時，沒提起她老闆，更沒提起老闆的女人。猜到應該發生了什麼問題，但該從哪兒下手問呢？

「你老闆現在的女友，還是那個張恬恬吧？」我問。

小風皺著眉，死盯著碗裡，張恬恬似乎令她怒氣沖天。

「這女人真是得寸進尺！」小風邊搖頭，這話像是從齒縫裡給逼出來似的。

我疑惑的看著小風，這輩子沒對那個張恬恬這麼有興趣過。

「你說這樣ＯＫ嗎？這女人不過就跟老闆交往了一陣子，就說以後早餐她來處理就好，泡的茶得用她買的，她怎麼知道老闆愛吃什麼早餐、愛喝什麼茶？還把我幫老闆買的襯衫領帶都換掉，說什麼太老氣，老闆穿了十年我買的衣服，一句話都沒吭，她是在吵什麼？不只這些，她還替老闆開了個什麼網路日曆，說什麼以後可以分享，還逼我學著怎麼用……。」

小風講得義憤填膺，我聽著她滔滔不絕，馬上畫出了重點：就像別的女人進了自己廚房，別人做什麼都不對。

「但你老闆對她的改變都接受了？」我問。

小風回答前，掙扎了很久。我想答案是肯定的，否則現在的她肯定是大肆炫耀著自己的勝利。

沒多久，小風辭職了。說自己在一個地方待久了也不是辦法，也許應該換個環境。

小風找工作不是問題，但看的出她心裡有一個空缺，難以填補。

當小風新工作上軌道，看似起步順利的時候，我終於問了那個她早該面對的問題。

「妳難道真的只想當他的祕書？」

小風沒像以前，一聽到這種問題就火冒三丈。她眼神看著遠方，許久。

「我想不想不是重點，重點是，他只想我當他祕書……」她暫停了，有句話她還說不出口，那是她得面對的一切根源。

「而我……我只想留在他身邊。」

我們的對話到此為止了。

愛，其實就這麼簡單，只是承認，有時比否認還困難。

幽魂的愛

故事，都是人講出來的。

有人喜歡把自己的愛情，講成一個故事，
講得好的，本來無足輕重，就變得悲愴動人，
就算是在情感關係裡，只能搬板凳坐旁邊的第三者，
經過悲劇性的描述，也能把那段感情講得刻苦銘心，永誌不忘。
但問你自己，既然他這麼愛你，那他怎麼捨得什麼都不給你？
一切都能假裝不存在，就是標準的「跟鬼談戀愛」。
只是誰是那個鬼？
鬼故事都得看到最後，才會揭曉謎底——

她說她是個有遺憾的女人，而她決定要抱著這個遺憾終身。

「沒人想抱著遺憾終身的！」我說。但她相當堅持。

很多年前，當時她給人家的印象是：利落、敏捷、有能力，也許有人稱讚過她美麗，並且疑惑為何她依然單身。

她其實不是單身。至少她是這樣認為。

她有愛，並且確信是真愛，那是個有婦之夫。對方深愛她——至少她是這樣認為。他每週會去她的住處幽會兩次。她為他準備晚飯，然後邊用餐邊聊天，吃完飯之後短暫看個電視，之後他會與她做愛。她能感受那股濃烈的需求與愛意強烈的包圍著他們，讓彼此身體緊緊交纏，在肉欲與愛意到達頂端之後，她會躺在他懷裡沉沉的睡去。他總是在她睡著後離去，但她每次都知道他離去的時刻。當他的體溫離開柔軟的床被，騰出的位子讓那盈滿的愛打空了一塊，這世界除了他，沒有人能補全這塊空缺。不過她不流淚，也不抱怨，因為她從一開始就知道他有家庭，一個依然愛他的妻子，還有他疼愛的五歲男孩。

她不能把這段關係說出來，只因為他們是同事。他在同僚之間有良好的聲譽，不容被不倫之戀給毀壞。他曾在她面前懺悔自己的自私，為無法給她該有的名分而哭泣，但她從不要求，也從不後悔。她不是他那個少了家庭世界就會崩毀的妻子，她有事業，能靠自己開創一片屬於自己的江山。她不怕，而所謂的名分不能證明他對她的愛。世界上沒有任何一種形式或物質可以比擬他的愛，她了解。

她也想過也許有一天，當年華老去，他可能就掉頭而去。但思緒一轉，或許等到那時候，她也不再愛他了吧？愛情能夠維持多久？也許只有無法完整的愛戀，才能達到永恆。他說，他希望自己能夠在她心裡停留很久很久，她戲謔的回答：「你這才叫自私！」

那天晚上他離開時，她突然起身抱著他，承諾他可以在她心裡停留很久很久，好讓他帶著微笑離開。

她沒想過這會是他們最後一個擁抱：那天晚上之後，他再沒能回家，也再沒回來她的住處，他的車被酒駕的卡車撞翻，那個曾經帶給她溫暖的身軀，裹上了自己黏膩的鮮血，他猙獰的臉證明他在驚恐中死去。

她居然收到了他的白帖。同事們故作哀傷，其實有人暗中慶幸著終於可以接替他的位子。只有她，必須強忍悲痛，才能做到跟旁人一樣的表面工夫。她拿著他的白帖躲到廁所裡痛哭，那白帖上的每個字，都宣示她不屬於他生命的任何一部分。

他們的愛，沒有留下任何證據，這世界沒有人知道了，除了她自己。如果她想假裝這段關係，完全不需費力，只要說服自己即可。夜裡，她的雙人床依然替他騰出了位子，但她會問自己：「親愛的，你到底是什麼？」

告別式上，她跟所有同事一起致意。瞻仰儀容時，她忍不住痛哭，震驚了旁人，沒人懂為什麼她需要如此悲傷，除了他的妻子以外。兩個女人在那時第一次打了照面，她們四目交接，妻子的眼中沒有恨意，但她緊緊抱著那個跟他有著一樣眼神的五歲男孩，無聲的告訴她：「我才是擁有他的人。」

那個正直的男人，沒有留下任何流言蜚語，她像進入了另一度空間，周遭的事物一如往常，而她卻在無法驚動任何人的情況下，默默的過著另一種日子。這一切對她而言太科幻了！於是，當有人問她願不願意派駐外地，她不假思索一口答應。她得離開這個地方，這個一切如故，對她來說卻比面目全非還可怕的鬼城。

她說，她不後悔，她只是實現了諾言，讓他在自己心裡停留了很久很久。

一晚，她為自己開了瓶紅酒，半夢半醒之時，她似乎看見了他，躺在床上那一直為他騰出的位子，他說：「我現在只是個鬼魂，而你該讓我離開了！」她哭了，但她依然笑著回答：「如果你覺得該離開，那你為什麼還在這裡？」

她很少提起這件事，我問她：「這樣愛著幽魂，不痛苦嗎？」她看著我的眼神，有一種憤恨的銳利，讓人不寒而慄。但那令人恐懼的銳利在她低頭重新整理過情緒之後，被藏進了瞳孔深處，取而代之的，是一種無奈的自嘲。

「不，親愛的，令人痛苦的，並不在於愛著一個幽魂。」她看著我，眼神變成一種冷酷與現實。「而是，我到現在才明瞭，其實我才是那個幽魂。」

她點了根菸，吞雲，吐霧。一縷縷白煙，緩緩擴散，消失。她看著煙，冷笑著。煙霧、幽魂、愛情，對她而言，都是無法證實是否曾經存在的超自然世界。

旅行中的白馬王子

愛情，必須放在現實的生活中檢視，通過之後才能成立。

脫離尋常生活軌道的他，遠離了無趣的日復一日，或許是個完美的男人，說不定回到了真實生活，所有缺陷一一顯現，到時你才發現：「原來，他其實沒那麼值得愛。」

她因為失戀，而開始旅行。

她從前並不特別熱愛旅行，更別提要她一個人動身。她在與前男友分手前，兩人常常計畫著要去哪裡旅行。那男人高傲，就連旅行地點，都要顯示出自己的與眾不同。「我要去峇里島跟當地漁夫一起捕魚、去巴黎感受人文、到西藏讓天地宗教洗滌、去體會泰北叢林的艱辛……」

他高談著旅行的意義，卻什麼地方都沒去。分手後，她看著那分等待著她去踏上的土地清單，她決定，既然沒有他，那就自己去！

她走過夢想過的旅遊地，才發現原來峇里島的漁獲都仰賴進口，巴黎除了人文氣息，也擠滿了觀光客，西藏未必能使人改變，而泰北也早就滿地西方人了。旅行打開了她的夢想，讓她脫胎換骨，讓她拓寬視野，也讓她刺破了那男人的繡花枕頭。她聽說那男人還在空談旅行的意義，卻不知道旅行少了動身，就沒有意義。她懶得回頭看他，繼續走到自己都沒想過的地方，成了一個旅人。她突然有種奇想，自己必會在旅行中，遇見白馬王子。

去越南的時候，她在青旅裡遇見了一個同樣來自臺灣、獨自旅行的男性背包客。「我是因為失戀，才開始旅行的！」那人靦腆的說，殊不知這是他倆第三個共同點。旅人有個磁場，不排斥就相吸，特別是獨自上路的旅人。

他們就像是相吸的磁鐵，成天黏在一起，聊著過去走過的地方，看過的土地，對當地文化的感想。他們自然一起走完接下來的旅程，多個人彼此照顧，分攤車資。那男人相當腳踏實地，旅行前是作足了功課，能提供許多有效的資訊，讓她覺得相當可靠安心。旅行結束，兩人分道揚鑣前，互換了彼此的臉書與聯絡資訊。回家的路上，她想著，這個男人會不會就是她所幻想過，旅行中的白馬王子？

回到台灣，他們因為分享照片，又見了好幾次面，無意間成了好幾次約會。他依然溫柔體貼，除了照片總是整理完整，他點酒時充滿品味知識，還能為她介紹不同品種的咖啡，以及各種烘焙方式的不同。

「這男人是極品！」她對自己說，內心雀躍著，旅行中的白馬王子並不只是夢，它即將成真。照片分享完畢之後，她深怕這將會是最後一次見面，沒想到他卻出乎意料的開口要求：「我們之後可以再見面嗎？」她開心的點點頭。「真的，夢想成真了！」

正式約會的日子終於來臨。這一天，她特別作了與之前完全不同的打扮：她穿了洋裝，化了淡妝，還擦了茉莉花氣息的香水。他在吧台等，結實挺拔，充滿英氣，微笑著等候她。

如果故事停在這裡，那絕對會是一場糖果色的美夢，然而——她後來才領悟——我們活在現實的世界，並非童話故事的扉頁。

一入座，他依然用驚人的品味與經驗，替她點了餐與佐餐的酒，他的微笑與性感的魚尾紋，深深吸引著她。然而，當他們開始聊起自己的過去，卻掀開了這個陽光白馬王子的陰暗面。

他開始抱怨起前女友，她是如何的無助、平庸、愚蠢、懦弱、疑心，她極度需要他，卻給他巨大的壓力，他嘗試過分手，但那女人一哭二鬧三上吊讓他脫不了身，這歹戲般的戀情持續了八年，當他下定決心非離開不可的同時，也訂了張飛往北歐的機票，遠得讓她找不到……

他講得口沫橫飛，她聽得索然無味。她不懂，自己幹嘛得聽這男人抱怨自己的前女友？還有，都已經分手了，這男人嘴上怎還不放過她？

「唉，男人的風度啊！」她心中嘆著氣，接著就翻了白眼。她發誓下回絕不和初次約會的男人吃法國菜，時間漫長，難以脫身，她趁上廁所的時候，拜託了服務生，請他趕快上完菜。「我已經受不了那男人了！」服務生點點頭，沒半點笑意。專業！

吃完晚餐，他堅持送她回家，卻被她婉拒。「我都能自己走到巴黎了，你還怕我一個人到不了市區嗎？」

計程車上，司機笑了笑問：「他被打槍了喔？」

她吁了一口大氣：「你說呢？」

旅行遇上的男人條件再好，都得通過現實世界的檢測，才能驗收。

二：就算是一個人，也能自在的愛。

第三章

所有讓你心碎的愛情，
都是讓你脫胎換骨的契機。

分手

你把自己的一切都給了他，你以為這是愛情的最高境界，
但你沒想過，你給的愛，太重太沉太負擔，
將自己寄生在他身上，壓得他喘不過氣。
他逃離了，留你肉身空殼，彷彿沒了生命，
但你得知道，只有分手受的傷，才能讓你重新領悟什麼事愛情，
而真正的分手，是要心甘情願的告別過去。

她說，她與他已經分手了。

她的朋友都不意外，說狠一些，大家根本都在等這一天。這女孩戀愛談得太水深火熱，快把自己燒成了灰燼。她甚至說，自己願意為他而死——這話可把大家都嚇壞了。但她的態度是如此認真，像一把發光的利劍，自豪的亮在眾人眼前，稍不注意就會被劃傷，而不是愛情該有的甜蜜與柔軟。大多數的朋友，都被她過分的執著給嚇跑了，剩下幾個還願意關心她的朋友，也不敢主動問起她的愛情。

她愁著，說朋友們都不挺她了，她著實不懂。

她為他付出一切，包括全然的自己。她寄生在他的靈魂上，只要是關於他的一切，她都

要親手打理：他的飲食、他的衣著、他的工作、他讀的書、他看的電視，就連看電影能花多少錢買爆米花，她都要插手決定。她驕傲的認為，自己做的一切都是為他好，直到他選擇離開的那一刻。

分手是他提的，沒有任何解釋，一句話：「我們分手吧！」然後轉身退場，徒留她獨自站在舞台上，赤裸裸的接受台下的訕笑。她哭鬧、氣餒，卻不忍心咒罵那男人一句，她深愛著他。她只做錯了一件事，為了他，付出了一切，包括自己的靈魂。

她說，他們分手了，但她很好，她照常工作、休假時去旅行、下班後去跳舞、週末去夜店喝酒、平日上網認識不同男生。她說：「我好了，沒事了。」臉上掛著大大的笑容，肌肉律動的層次分明，這快樂的表情像戴了張塑膠面具，冰冷得讓人感到恐懼。有人受不了她的自欺欺人，決定戳破這層保護罩，用嚴厲、苛刻的責備想把她刺醒，但她毫不所動，反而繼續掛著笑容，告訴他們何必太激動，她真的很好。

她回到家，空洞的套房圍繞著四堵白牆，妝卸了，人累了。她打開臉書，點開他的個人頁面。這是他們分手後，她每晚必做的功課：透過網路，繼續偷窺著他的一切，看看他到哪打卡了，他跟誰晚餐了，他看了什麼電影，跟誰一起看了——臉書上，他們還是朋友，她感覺跟他還是好近好近，她知道他的一切行蹤。只是，他多了很多新朋友，那個常跟他一起被標記的女孩，是他的新歡嗎？她是做什麼的？他們是怎麼認識的？她好嗎？比她好嗎？

她好想問他，讓他知道，自己依然關心他。當她終於鼓起勇氣，寄給了他私訊，一長串的關心，希望讓他感受到她想給他的溫暖。她想像著他會給予充滿感謝的回覆，爾後他們兩人就算不會是情人，也會是最好的朋友。

不過隔天她就發現了，他不但沒有回覆，還取消了兩人朋友關係。

沒有面具保護的她徹底崩潰，她拿起手機，顫抖著想打電話給親近的朋友訴苦，卻沒有一個人接起電話，於是她衝到大街上，死命的跑，用力的跑，讓呼吸急促，大汗淋漓，這樣就不會在意臉上的淚水了吧？但可不可以再也不要在意他了呢？她只想將自己從他的靈魂上，連根拔起，從此對他不在關注，不再思念，不再有一切牽連……

她離開了一段時間，遠離了熟悉的地域，找了個農場，用規律簡約的勞動生活，限制自己思考，當然包括對他的想念。前陣子，她終於回來了。分離的時間，把朋友與她之間的心結給化了。她們找了個小店喝酒聊天，她顯得平靜，少了面具的她卻憔悴的令人心疼。

她說，前陣子在路上不小心遇見他，隻身走在街上，想要向前跟他打招呼，但好怕他視而不見，或是相應不理，於是就躲在路旁望著他，直到不見人影。

她說，自己已經好很多了，只是她知道，她可能永遠無法將他從回憶裡移除，心裡還是有想要付出的欲望。但她正學著把自己收回來，直到自己變得完整。

這次，她真的與他分手了。

眼淚

有些東西，不該是自己的，就不能拿，
其中包括愛情。就算欲望驅動著，讓人想豁出去撈一把，
偷來溫暖自己的情，也不能算是愛，
所以，人會說「偷情」，不會講「偷愛」。
為偷情而流的眼淚，都是白流，
只有當你痛下決心斬斷一切時的那行淚例外，
至少，那還能灌溉你仍有希望的將來。

「門口響起了急促的敲門聲，她沒跟人有約，一開門，那男人滿身大汗，氣喘吁吁，拿著手中的蛋糕盒跟她說：『我買了點心。』但是身體裡的激情早已無法壓抑，他抱住了她，與她擁吻。那盒原本當作探望藉口的點心摔落在地。他說，他實在是太思念她，想趁工作的空檔來找她，於是就一路跑到她的住處，『像個笨蛋一樣』。她眼中還充滿著驚訝，卻相信他的思念。炎熱的下午，他們在她簡單窄小的房間裡狂烈的做愛。事後，她俯躺在被褥上，他還貪婪的親吻著她無瑕的肩背，口中呢喃著：『我真不想回到那個

現實……』」

她在電視上看完那部日本電影，叫作《第八日的蟬》，最觸動她的地方，竟不是母愛的主題，而是這個橋段。電影裡那個男人離開後，她幾乎可以感受到女主角的空虛。她想起了一個男人，一段曾讓她沉淪的情感，她想把這稱為「愛」，但那種躲藏與莫名的罪惡感，卻讓她不敢把這拿去跟愛情相提並論。

有專家稱這為「迷戀」，只是一次眼神的交錯，就連起了兩人的愛欲。她一開始還逃避，不想讓這種著迷的思緒給占領，想保持一點腦筋的清明。然而，他就跟電影裡一樣，在一個炎熱午后，打電話說想找她談事情，卻在抵達之後立即陷入狂亂的激情。這樣的突然也讓兩人更加狂放，拋去所有的道德禮教，傾瀉壓抑多時的欲望。

他帶的點心也一樣被激情摔落地面。當激烈的欲望逐漸褪去後，他倆還用手指挖著吃著那融化軟黏的奶油慕斯。他笑著說：「這樣好色情。」

他說他很驚訝，本來只想聽她的聲音，看她笑。跟她一樣，他也想念著她，想了太久，腦中上演過跟她的任何可能性，而現在他很開心。當然她也是。

就算是現在，她忍痛切斷與他一切聯繫多年後的今天，她依然相信，那時他的話句句屬實。她依然相信，他對她的愛是真的，他的思念是存在的，他的痛苦也是深刻的。但最後，他依然沒有把身邊的位置留給她。他不是有婦之夫，然而跟一個女人在一起太久，也幾乎成了老夫老妻，過著尋常無奇的日子。他沒想過自己對愛情還有悸動，他以為愛就是跟一個女人平平凡凡過一輩子，直到她的出現，在他女友出國唸書的那一年。

是的，他隱瞞了自己並非單身的事實，他永遠只在她的公寓、或是汽車旅館裡約會，每次約會都是同樣的激情，讓她感到害怕，怕他們就只能耽溺在肉體的關係裡。於是她提出要求，想要跟他一起到餐廳吃飯、牽著手在路上散步、跟他並著肩在戲院看電影，他一開始閃躲不回應，到最後用憤怒與眼淚交雜著，說自己不能這樣做，她才後知後覺的起疑。

她趁他洗澡的時候，拿起了他的手機，檢查了通聯記錄，發現她與一名女子通話紀錄裡，充滿著愛侶間穩定的幸福，聊的是日常生活，關心的是三餐溫飽，一種她渴望與他擁有的平凡。她害怕的放回手機，不想承認自己所發現的一切，她還想多擁有他一會兒，就算只能擠在幾坪大的小房間。

對情人無法掌控的痛苦令她更想擁有對方，她常在做愛後哭泣，騙他只是因為太愛他，卻掩飾不過眼神中的悲傷。

他似乎也發現了，充滿罪惡的別開頭。雄性的優越感，讓他不願承認自己傷害情人的卑鄙，於是他消失了。一樣是個下雨的午后，她違反了兩人說好的界線，到了他家想質問他，竟連大門都沒踏進，就在樓下見到他與那女人一起買菜回來。到今天她都記得，他眼睛裡那種由驚訝、憤怒、抱歉、與悲傷混雜出的殘忍。

電影裡的女主角，在與有婦之夫的男友道過謝之後，平靜的離開餐廳，永遠分手。她想，或許這才是當初該做的事，自己卻放棄了這個瀟灑的機會，自願成為輸家。她也想，如果現在突然出現在他眼前，他會有什麼反應？

她點了根菸，吸了一口，發現愈來愈少抽菸的她，也開始厭惡起菸味，於是迅速捻熄。

算了，就讓自己記著他的情就好。只是，眼眶濕了，她好久沒有為他哭了。

無分的情人

所謂的「錯過」，其實沒什麼值得惋惜。
那不過就是有人不肯承認自己的情感，所導致的遺憾。
如果愛一個人，可以勇敢說出來，
這世界上「有緣無分」的遺憾就會變少，幸福的愛侶就會更多。
只是，我們大多不敢面對自己，甚至傻得看不懂自己。
如果，你愛一個人，也承認自己愛他，對方卻傻得看不見你。
看清一切，瀟灑離開，也許是個好方法，
因為，至少你作出了選擇。

小喬跟阿成的相識，認真算來是在高二的某一個星期六下午，當時阿成名義上是小喬的好友玉玲的正牌男友，但活潑漂亮的玉玲，身旁最不缺的就是愛慕她的男孩子，怎麼可能把心思全放在阿成一個人身上？她認識了另一個男生，兩人愈來愈熱絡，但又不知道怎麼解決自己跟阿成的牽扯，那時玉玲就在兩個男孩子間遊走，腳踏兩條船讓她得謹慎安排約會時間，誰知還是出了錯，竟將兩個人約會的時間給重疊了。

既然是玉玲的姊妹淘，小喬當然挺身而出，趕去阿成那兒替玉玲善後，免得她腳踏兩條船的狀況被戳破。

不過紙還是包不住火，該破的局還是破了。

「妳不必騙我了，什麼留在學校替同學溫習功課，我看她是去跟其他男生約會對吧？居然還會互相包庇，怎麼女孩子還這樣啊——」戳破謊言的阿成，本來還讓小喬相當尷尬。但是阿成不斷的埋怨玉玲，怪東怪西，甚至責怪了天下女性，這可讓直爽的小喬看不慣了。

「別說了！你就只會埋怨對方，有沒有想過人家為何不要你要別人？老被人甩自己還不反省，到底是不是男人啊？你再繼續埋怨女生，我看哪個女生敢跟你約會！」小喬這一責備就沒停下來，阿成也被她的直接嚇得不敢回嘴。小喬乾脆分析起阿成戀愛失敗的原因，每一點都正中紅心，阿成聽得差點飆淚。

從那之後，阿成跟玉玲分了手，小喬卻從此當上阿成的地下軍師，她像是全世界最瞭解阿成的人，阿成感情大小事情都會請教小喬，小喬會給他中肯的建議，或是乾脆罵醒他。兩人的關係從祕密死黨，變成眾所皆知的最佳拍檔。阿成每一任女友，第一個認識的朋友都是小喬，因為這樣才能避免誤會；而小喬每一任男友，最後一個見到的人才是阿成，省得情人一天到晚拿自己跟阿成比較。他們兩人的默契無敵，不必刻意一起做同一件事，卻永遠搭在同一艘船上。理論上，他們可以成為最好的伴侶，畢竟他們相知相守，但始終，他們就是一對死黨。

那天下午，阿成又因為女友胡鬧，把小喬給約出來吐苦水。那天小喬心神不寧，眼神渙散，根本沒認真聽。阿成煩躁的問：「喂，妳到底有沒有在聽啊？我約妳出來是想聽聽妳意見啊！」

「我現在沒心思聽你抱怨，每次都你在抱怨，你怎麼都不會問問我的狀況？問我過得好不好，問我身體怎麼樣？每次聊天都是你你你你你，到底怎麼一個男人這麼愛聊自己啊？我受夠了聽你抱怨，我今天不想聽、現在不想聽，你就不能稍微讓我休息一下嗎？」

小喬一說完，緊接著大哭了起來，把阿成給嚇壞了，周遭著客人全都轉過頭看著小喬，阿成只好尷尬的拉著小喬離開咖啡廳。

他們安安靜靜、一前一後的在河堤上走著，不發一語，然後小喬才平靜的說自己懷孕了，要阿成別問爸爸是誰，反正找不到了，她得去處理掉，但不想一個人去。

那天，阿成從吵著要人安慰的男孩，變成了提供心靈支柱的男人。他握著小喬的手，想要給她一點勇氣，失魂似的小喬，卻緩緩的把手給縮了回去。手術結束後，阿成騎著摩托車送她回家，兩人一路上沒再交談過。

幾天後，小喬撥了通電話給阿成，說自己要去倫敦唸書，已經打算很久了。阿成還因為小喬居然沒提早跟他商量而賭氣，但是一切發生的比他想像的快，突然間，小喬就去了倫敦，消失在他的生命裡，與他斷了聯繫。幾年過去，阿成身邊的女友來來去去，他常感到一股難以填滿的空虛，是小喬所空出的那位置。

於是阿成打了通電話去小喬老家，問了她父母她在倫敦的地址。

「她結婚了，你不知道嗎？她嫁給她倫敦的同班同學啊！」她母親在電話裡跟阿成這樣說。阿成掛上了電話，胸口湧起一口酸楚。腦中掀起的一陣陣困惑，全都在寫給小喬的信裡表達出來。

阿成沒接到小喬的回信，卻接到了玉玲的電話。

他們約在週六人潮洶湧的咖啡廳。當時年輕貌美的玉玲已經是兩個孩子的媽，穩定的生活讓她略顯福態。玉玲說，小喬去倫敦之後，突然跟她聯絡，她們很快的恢復了往日的友誼，也才知道阿成與小喬間的點點滴滴。

「妳打給我，是因為小喬要妳來的嗎？」阿成問玉玲。

玉玲喝了口咖啡，開始娓娓道來：「那天在醫院裡，小喬突然有一個念頭：『如果這個孩子的爸爸是你，或許今天就能留下了！』她一直想，為什麼你們兩人默契這麼好，卻永遠無法成為戀人？她曾希望你會是那個跟她廝守一生的人，但你總是選擇了其他女生，只把她當成朋友看待。但當她最終看清，你們永遠只能是朋友。你需要她，也想要其他女人，要她做你心靈的支柱，卻想擁有其他年輕女孩的愉悅。你無法跨越你們之間友誼的界線，不想或是沒想過，總之做完手術，她就死心了，決心與你斷絕聯絡，既然有緣無分，又何必再耽誤下去？」

阿成聽了玉玲的話，籠罩在不安情緒前的那陣迷霧像是被撥開來似的，看清了自己不安定感的由來——他知道那是因為自己失去了小喬，但他從沒想過，看不清真正的自己，居然是讓小喬死心的原因。胸口那陣不明的酸楚又強烈的襲擊了一次，他之所以對身旁的女孩永遠無法滿意，只是因為自己要的，其實之前一直守候在身邊、以為永遠不會離開的小喬嗎？

「魚與熊掌，的確無法兼得，性感的正妹跟明理投契的好女人，你不可能全拿的！小喬嫁的是個很好的男人，雖然她不會再跟你聯絡，但你還是能為她開心吧？」

玉玲離開後，外面突然下起了大雨。沒帶傘的阿成望著落雨的天空，想著在地球另一端的倫敦，會不會也下著同一場大雨呢？

愛情幻象烏托邦

天下男女，無論學歷高低、家世好壞，遇上了愛情，都是傻的。

傻是必然的，但要傻的有分寸，

一旦喜歡上一個人，就把他當成神一樣崇拜，

戀情才剛起頭，人都沒摸熟，

就期待兩人會「王子與公主從此過著幸福快樂的日子」，

這種人，真是傻壞了。

我們都是人，沒有人是神，童話故事也從來不能當真，

懷抱希望是沒有什麼不好，

但愛情總得腳踏實地，透過相處累積，

心存幻想，通常沒啥好下場。

「我交了個男朋友，應該會結婚吧？」

珊珊在網路上宣布這個消息時，把大家都給嚇壞了！而跟她最要好的小玉，則迴避著多事者「關切」的詢問。

「唉，你要我說什麼？畢竟她遠在歐洲，我也是透過電話才知道這件事情的，你們還想

從我這兒知道什麼呢？」某次吃飯，小玉無奈的跟大家這麼說。

事實上，與其說是驚嚇，不如說是擔憂。珊珊在感情這條路上，一直走得不太順遂。她單純，信仰著神化般的愛情。她要看上一個男人，他就是全然的聖潔，彷彿廟宇裡的神祇，她只有崇拜。她將他幻化成一個非人的偶像，也喜歡在朋友面前討論他（全然不理聽眾是否有興趣）。在她的愛情世界，一旦「在一起」，她就已經替雙方的未來，搭建了一座理想國：種花養狗，買房子生孩子，每天準備愛心便當，當個微笑的已婚婦人。簡而言之，珊珊就是一個活生生從愛情小說裡走出來的人物——也就是最容易騙的那種。你以為她肯定是書沒念多少、羅曼史看到腦筋燒壞？絕對沒有，人家可是一流學府畢業的商學院碩士。你說念商的腦筋不是都應該算得很精明嗎？好吧，現在你知道，念什麼學校跟長什麼腦筋根本是兩回事了！

總之，愛情之於她，過於神聖偉大，導致了所有感情最後全部悲劇收場。情況好一點的，男主角直接蒸發；情況差的，在捷運站下跪，求她放了他。「我是凡人，不是聖人，拜託你找別人吧！」

她說她當場一滴眼淚都沒掉，圍觀群眾的眼神，簡直把她的自尊心血淋淋的挖出來踩碎。她說，那天她簡直是用逃難地方式離開現場，她得用手撥開群眾，替自己開一條路。一路上她不停的狂奔，像是要逃離什麼，一直到回到家中，才恢復知覺，才有辦法大聲哭泣，替自己可悲的感情世界致哀。

不久之後，她就逃到了歐洲。隨意選了一所語言學校，用學習語言的名義，逃到巴黎居住一年。除了小玉，她沒跟任何人聯絡。

抵達巴黎後半年，她開始在網路上發表一些生活中的照片，看來她的生活愜意愉快，不敢說是充實，但至少是放鬆，有助於撫平過去的傷痕。直到她宣布自己交了一個西班牙男朋友，並且有打算結婚，我們一群人才又擔心了起來。

「以前在身邊，受了什麼傷抓出來喝酒吃飯聽她訴苦還比較容易，現在她遠在歐洲，萬一被騙，想不開誰會去救她啊？」

「在法國認識西班牙男朋友？我不是要唱衰異國戀情啦！但——是他們兩個都是在那裡短暫停留，搞不好那個老西只想找個暫時的女朋友，結果珊珊就把人給當真了。」

「或是說，『又』把人家給當真了！——唉，她每次談戀愛都覺得自己跟對方有結果，結果呢？」

大家你一言我一語，對珊珊進行「遠距關心」。只有小玉，一語不發。我們這群管事婆，吃完飯喝完酒也就各自回到日常生活，小玉卻在兩週後，買了張飛機票前往巴黎。

「就趁她在的時候，去玩一下，住免錢的！」小玉對大家這樣說。不過事出突然，加上時機敏感，我們都懷疑她出遊的動機應該不只如此。

三週後，小玉果然拎了珊珊回來。

「那天你們愈說，我就愈不放心。上回在捷運下跪的那個男生，差點把她逼去跳河，我想萬一有什麼長短——欸，拎活人回來還是比帶死人回來容易吧？」小玉半開玩笑的說著，但她是真的擔心，才請了假去找她。結果，果不其然，當小玉一放話對方會跟她結婚之後，西班牙帥哥就馬上跳出來解釋，他家鄉有美豔的未婚妻等著，怎麼可能跟這傢伙結婚呢？

小玉帶著珊珊，在法國繞境一圈，然後珊珊就決定回家了。只是，既然人回到了祖國，怎麼大家遍尋不著呢？

「喔，她跑去台東靜養了，說要去打工換宿，要用身體的勞動忘卻心靈的傷痛。」說到這，小玉忍不住嘆了一口氣。「隨便她啦！反正台東的火車票，比去巴黎的機票便宜多了！」

因為你曾經放棄我

那個說自己多愛你的人，或許真的很愛你，
他也可能是你此生難以忘懷的摯愛。
不過，相愛無法廝守也罷，
明明很愛你，卻依然決定要放棄你，這樣還能算是真愛嗎？
真正能給你幸福的人，
是那個願意疼惜你的人，
只有在乎你感受的愛，才能稱得上真愛。

在不對的時間，遇上了對的人，是最悲劇的愛。

小菱跟永志就是這樣的狀況。

他們相遇時，永志已有了交往很久的女友。他們倆就是所謂的一見鍾情：第一次見面，就希望可以留在彼此身邊，即使拚命壓抑自己的愛意，不想讓感情變得太過輕易，然而兩人間的那股磁性卻把兩個肉身愈吸愈近。很快的，欲望再也難以隱藏，不管再忙碌，他們都渴望見到對方，想要向對方傾訴，希望自己的愛意能被對方品嘗。

若要以「炙熱」來形容愛情，恐怕有人會覺得浮誇，不過他們之間正是如此。或許是永志劈腿的罪惡感，讓這段關係多了禁忌。人家說「偷情」，偷來的似乎更讓人珍惜。他們檯面上只是普通朋友，無法公然傳情反而讓欲望愈燒愈猛。他們更珍惜能夠相處激情的時間。小菱那時幾乎認定，永志就是他此生該遇到的那個人，而自己從此之後，再也找不到更愛的人了。

小菱雖然這樣想，但她很清楚，永志沒有意願離開正牌女友。「她跟在我身邊很久了，幫我打點一切，快十年的光陰都奉獻給了我，我如果離開她，對她太殘忍了！」永志這樣跟她說。換成任何一個女人聽了這種話，都會說永志是欺騙唬人的，然而小菱深信他所說的每一個字。她深愛著永志，也相信永志也一樣愛自己，因為每一回，他們只要聊到任何一點點關於未來的事，永志都會變得相當哀傷，他知道自己無法給小菱任何承諾。但小菱不在乎，她不需要任何男人給她庇護，她只要永志能愛她就夠了。這樣的地下情維持了一年多，某一天，永志面對她，開始心不在焉，當他們四目相視時，永志的眼神總藏著一股哀淒，像是不捨，又有種絕情。她當時就應該猜出，這是永志要離開的警訊，不過她寧可作隻鴕鳥，相信永志口中所說的「沒事」，相信兩個人的愛情可以天長地久。直到永志消失。

他再也沒有赴約，也沒有接小菱的電話。小菱終於忍不住，跑去他家樓下等候，她這才發現，自己根本沒去過他住的地方。永志沒搬家，也沒換工作，更沒有出差，他只是決定，不要再背負罪惡感，於是放下了小菱，跟女友結婚。

小菱的禁忌愛情，在這時候才破碎。她不知道能向誰訴苦，也無法在外人面前表現憂傷，根本沒人知道她曾經跟那個男人相愛過。她只能強作鎮定，繼續正常度日，然後深夜獨處時，才用眼淚來替自己哀悼。

小菱相當幸運，這件事情並非完全沒有人知道。永志的同學阿浩，其實心儀小菱已久，對小菱的愛意讓他觀察特別細微，也注意到了永志與她之間過於親暱的互動，發現了他們的地下情。當永志離開，他馬上獻上關懷，陪著她度過這段痛苦的時期，卻又不把她的祕密給說破。很快的，阿浩就擄獲小菱的心，阿浩在朋友聚會上，公布自己跟小菱在一起，雖然過程有點肉麻，但他知道這儀式對小菱特別重要。

小菱不知道自己是不是真的很愛阿浩，或許這輩子她對任何男人的愛，都無法超越永志。但小菱跟阿浩在一起很安心，感覺可以把自己託付給他，就算不是乾柴烈火，她也想要跟他一直走下去。

「最後在一起的，都不是最愛的那個。」小菱想起這句話。

朋友聚會上，小菱終於又見到了永志。她想裝作沒事，偽裝對她來說，已是信手拈來、毫不費力，但她依然注意到，永志充滿驚慌的眼神，在聚會上也不時出神。她還是忍不住觀察了他，她依然是愛他的，只是她也看透了他。

沒多久之後，小菱接到了永志的簡訊，希望能與她見上一面，就在他們之前約會的旅館。

小菱想，永志或許希望重燃舊情，或許他會擁抱著她，跟她道歉，說他這段期間有多想她……一切小菱曾經想像、希望發生的一切。

她動搖了，也想再見上永志一面，但看著身邊的阿浩，他應該猜到了一切吧？但他仍然不願戳破，一如往常的默默守在她身邊。

小菱至今都沒有回覆永志的簡訊，也沒再見過他。她跟自己說，曾經放棄過自己的人，就沒必要再回頭；那個不曾放棄過的人，才更要珍惜。

不能自己的感情

所謂的「不能自己」，其實就是無法控制自己。

假使一個人劈腿的理由，是他的感情真的不能自己，

那他生命裡究竟那一塊可以自己處理？

無法掌控自己，就是幼稚的表現。

成年人想戒掉「不能自己」的劣根性，恐怕得等投胎重來吧？

狂喝狂醉之後，她與姊妹淘一起離開酒吧。姊妹淘說要送她回家，但她堅持不用，她說她很好，大家別替她太擔心，然後甜美的微笑告別，轉身踏上回家的路。

家住得離酒吧不遠，空氣裡盡是冰冷，但她決定走段路，讓寒風給自己醒醒酒。寒冷的氣溫果真讓她腦筋一下子想不了太多，但她又很怕，頭腦清醒之後，又得陷入胡思亂想的痛苦，這幾天不管做什麼，那種悲傷的心情都會打斷她的思緒，她覺得自己受情緒所制，無法動彈。

上個禮拜，那個男人說要離開她，毫無預警。

「我愛上其他人了，我不能自己，請你原諒我。」說完這句話，那男人突然跪在她跟前，

緊握著她的手，哭得比她還大聲。

她後來還很驚訝，自己居然壓根沒想到要挽留他。跟那個男人在一起八年，女人最菁華的青春歲月，全都蹉跎在這男人的身上了，最後幾年，他們過著平穩如老夫老妻的生活，誰知道他不曉得上哪兒認識了一個小他八歲的嫩妹，才認識沒幾天，就決定把她一腳踢開，跟那嫩妹雙宿雙棲。

「你也知道，我們兩個的關係已經走到了瓶頸……」

他請求完原諒，接著馬上試圖為自己的劈腿脫罪，因為是走到了瓶頸，所以錯不在他，一半的錯是她自己造成的。

「放屁！不是口口聲聲說要結婚的嗎？」

在一起的那幾年，那個負心漢口口聲聲說著要娶她，沒事就去逛婚紗店，或去精品首飾店看戒指，然而一認真跟他聊起結婚的時間，卻老是藉口還在拚事業，沒車沒房哪能結婚，於是這件事一天拖過一天，但他依然把「我們總有一天要結婚」掛在嘴邊，如同跳針一般時不時掛在嘴邊。

結果呢？一個小女孩就推翻了一切。

她問自己，他跟那個嫩妹到底是怎麼認識的？然後她回想起了他們初識的經過：那時候她跟一群好朋友火車環島，遇上了單行的他，一群人在火車上聊得很開心，等到他們要下車的時候，他突然說跟他們相處的很開心，希望能夠跟著他們，於是臨時更改行程，與他們同行。旅程結束之後，他對她告白：「對不起，我愛上你了，我不能自己。」就像電影《愛在黎明破曉時》的浪漫，她於是答應與他交往。

「八年，八年啊！」她無聲的吶喊著。這期間她也遇到了其他的追求者，其中不乏令自己小鹿亂撞的好男人，然而她都拒絕了，堅持忠誠的守在他身邊，她死都不願意背上背叛者的罪名，誰知最後反而被他給背叛了。她覺得自己好蠢。

原本，他說要搬出去，但她拒絕了。

「我走！」

她不願意見到回憶的幽靈出沒在這個曾經屬於他倆的住所裡。他同意先去住在旅館，等她搬完之後再回去。她知道他口中的「再回去」，是帶著新歡入主這個曾經是他們倆的愛情宮殿。想到這裡，她突然想要燒毀那個地方，不想讓那個女人占有她的回憶，但她當然不會這麼做，因為沒必要為了一個負心男子變成一個縱火的肖查某。

回到家，那男人居然坐在客廳裡，喝著櫃子裡她買的威士忌，而他顯然是哭過了。

「我回來拿點東西。」他的聲音裡還殘留哽咽。

她看了一眼他腳邊放著一個裝滿的行李袋，然後一語不發往房裡走。然而他卻起身，一個箭步把她攔住，緊抓著她的肩膀不放。他說他覺得好罪惡，他想要道歉，他好想她。

他的臉突然前傾，企圖吻她。

「所以你離開她了？」她閃開臉，冷冷的問。

「沒有，但我還是無法停止想妳。」

他再次企圖吻她，然而這回迎接他的，卻是犀利的一巴掌，狠狠的落在他臉上。

「滾，我永遠都不想再見到你！」她怒吼，他的表情像是責怪她不知好歹，拿了行李離開。

不知怎麼，她的肚子突然揚起一股嫌惡，趕緊衝向馬桶大嘔了一陣。她覺得很奇怪，突然間身體像是拋開了千斤束縛，一陣輕盈。

她想到，以後就是那女人要承受他，不由得一陣爽快。

她這也算不能自已。自己終於擺脫的爛男人，交到狐狸精手中，有什麼好惋惜的呢？

我跟我所愛的自己

你是否仔細看過，自己在愛情裡的模樣？

那個樣子，你是否喜歡？是開心、是疲憊、是困乏，還是無可奈何？

每個人在愛情裡，都會有一種樣貌，反映著這段愛的狀態，

然而，大家都只顧看著愛情裡的對方，卻忽略了愛情裡的自己。

你喜歡愛情裡的自己嗎？

「我們在一起，不要讓別人知道好嗎？」

當阿榮跟小玫決定在一起時，阿榮這樣對她說。當時小玫有點驚訝，卻又不敢反對，她不希望阿榮以為自己是個四處炫耀自己感情生活的女人，於是就把困擾吞了下來，吞進去不代表消化了。不能昭告天下的愛情，還能算愛情嗎？

阿榮外表體面、待人溫柔、又有才華。你見了他肯定會說：「這樣的男人，什麼女人要不到？」反觀小玫，身材、外表、裡子面子都普普通通，阿榮選擇在她身邊定下，也讓小玫受寵若驚。基於這種心態，小玫接受了這種「只相愛，不說愛存在」的作法，開始一段即使無愧於人，卻得偷偷摸摸的地下情。

既然不能張揚，除了事先說好的激情約會，也很難能在公開場所約會，就連一起吃飯、看場電影，做些平常情侶約會做的休閒活動，也從來不在他們約會的範圍內。阿榮常下班之後跟朋友聚餐，當然也不可能帶著小玫；小玫看了哪家餐廳想去試試，也不可能找他作陪。有時候，小玫看著街頭人來人往，情人雙雙對對，牽手摟肩，用肢體跟眼神傳遞愛意，宣示兩人正在愛河中共舞。小玫的心中不免嫉妒。自己也在戀愛啊！為什麼她無法擁有同樣的權利呢？有時她忍不住在大街上牽起阿榮的手，卻被他一把甩開。她抗議，阿榮卻冷冷回應：「女人獨立點比較好吧？老是黏著男人，像個公主一樣，你希望自己變成這樣的女人嗎？」

小玫當然不肯承認，自己就算再堅強，心中還是有那麼一點點柔弱，想要依戀著一個人。但既然情人這樣說了，她只好學習自己與自己相處。當阿榮與哥兒們聚餐，她就自己去看電影；當他們兩人出現在同一個場合，得學會隱晦的眉目傳情，卻不能讓周遭的人發現蛛絲馬跡。有時候，小玫會受不了，想阿榮的時候，會打電話給他，問他在那兒，但阿榮總是回以不耐：「跟你說我在外面應酬，就不要打給我，你這樣是不相信我，在查勤嗎？」

「不是，當然不是！」小玫腦子裡不斷迴盪著這一句，說出口卻是軟軟的一句：「好啦，我知道了。」像是個做錯事的孩子。然而，掛上電話後，她卻忍不住哭泣。她覺得好孤單，這種孤單，不是只有隻身寡人的男女才會有的感覺嗎？為何她明明有個戀愛的對象，自己卻被孤獨所包圍呢？

為了排遣寂寞，她在與阿榮約會的時間，也開始安排自己的生活。她跑去上了繪畫班，但或許實在太沒天分，每次都畫不出理想的模樣。跟她年紀相仿的男老師卻鼓勵她，繪畫沒有一定的樣子，要她透過繪畫，尋找自己的模樣。老師教她在畫筆跟顏料中尋找自由，他的眼神與體溫，卻解放了她身體的寂寞，然而小玫卻充滿歉疚，對男老師坦承自己早有男友，只是約好不張揚。

孰料男老師聽了只是笑著回答：「你是跟明星交往嗎？否則有什麼不能張揚的呢？」

「是啊，到底是為了什麼，明明兩人在一起卻不能說出來呢？」

她決定把事情弄清楚，於是跳上了計程車，直奔阿榮家中。小玫這輩子沒這麼明快過，這一刻，她突然有種舒坦。

當阿榮一打開家門，她才發現事實真相：其實小玫根本就是阿榮的小三，阿榮有個女強人女友，因為工作聚少離多，而小玫根本就只是他消磨空檔的替代品。所有不能與小玫見面的時候，就是阿榮女友回來的時候，而現在，這個「正宮」就好好的坐在客廳裡，跟阿榮吃著晚餐，看著電視。

而阿榮竟只是把她拉到門外，一臉理所當然的說：「你看，你要不來就不會知道，這樣我們不是會比較開心嗎？」

小玫連哭的心情都沒有了，對這個男人的憤怒與鄙棄同時湧上來，對著他說：

「沒有你，我才會更開心！」

小玫轉身離開，離開阿榮的感覺像變成了漂流木，她很想被愛，卻不知道自己什麼地方值得人家去愛，或許就是因為這樣，才會接受阿榮的無理要求。

她突然想起，老師要她在繪畫中尋找自己。小玫這才發現，自己該找的，或許不是可能會愛她的男人，而是自己會愛的那個自我。

童話

每個人的墮落，背後都有值得同情的理由。

但不管之前的他再好，墮落之後拒絕改變，甚至還自怨自艾，扯東怪西，這時的他，早就不值得我們任何同情了，就連幫他拉出火坑的力氣都可以省了，他自己都懶得成長，難不成你還得教他嗎？

曉玲跟建棋本來是一對鴛鴦眷侶，不知道從什麼時候開始，只要曉玲身邊的朋友，全都從他們的支持者退位。曉玲自己也知道原因，在一起這麼久了，對自己另一半的種種缺陷，自己比任何人更清楚，重點在於自己要不要去面對而已。

他們是怎麼開始的？

這些日子，她看著身旁的這個男人，常常會要自己去回想他們開始的那個契機。還在念書的時候，一群男同學逼她協助他們考試作弊，她不想順他們的意，於是瘦弱的她被流著臭汗的男生包圍，那時建棋就像英雄救美般出現，當然，他沒有打贏那群人，但至少引起了校方注意，間接解決了這件事。

曉玲後來去向受傷的建棋道謝，問他怎麼敢出來槓這群人，他只是笑笑的說：「總不能看你被欺負吧？」對他而言，這是一種正義。而也就是這種正義，讓她墜入情網。那時她也沒想到，那次之後，居然一晃眼就快十年。

她常說，自己最喜歡建棋的地方，是他像個孩子般純真。其實建棋純真之處，也確實的反應在行為上：面對不公，他總是第一個挺身而出；面對喜愛，毫不猶豫的表達；而見到不喜歡的事，絕不藏在心裡。

然而面對社會這個複雜的人際關係結構，這卻未必是優點，建棋依然堅持自我，常跟主管或同事鬧不合，最後不是被辭退，就是自己辭職。他變得愛抱怨，曉玲常常得花很長的時間安撫他，但他並不感謝，面對事業一帆風順的曉玲，常常出言冷嘲熱諷，甚至有次酒後吐了一地不說，還罵她像妓女，為了五斗米不惜讓世界欺凌，拿了錢還沾沾自喜。她聽了腦筋一陣空白，聽到「啪」的一聲才發現自己賞了他一個耳光。他將自己鎖到房裡呼呼大睡，而曉玲則認命的處理完他的嘔吐物後，還得蓋著外套睡沙發。

那個曾經因為純真而吸引她的男人，變得不再可愛。那次之後，她終於忍不住約出姊妹淘哭訴。姊妹們多少知道建棋的狀況，但如此失控不免讓人心驚。較年長的阿嬌一針見血的說：「幼稚跟純真只是一線之間，他如果不想改變自己，你就算再努力，也無法改變他。」

曉玲懂，但她告訴自己，在一起這麼多年，總不能在他最失意的時候離開他吧？只是建棋居然一失意就這麼久，重新振作的日子似乎遙遙無期。

分手的契機，是有人給曉玲通風報信，說建棋在外頭搞上了年輕的辣妹。從不疑神疑鬼的曉玲決定一探究竟，某天晚上建棋說要出門跟朋友喝酒，曉玲就在後頭跟蹤他。果不其然，建棋是跟朋友喝酒，只是身邊多了一個身材火辣的年輕女孩，之後還上了賓館，還是那種廉價的砲房。

曉玲沒跟進房裡抓姦，都沒結婚，抓什麼姦？她只是默默走回家，心裡想著：「這男人真慘，把妹還帶她到這麼糟糕的賓館！」曉玲真是落寞到了極點。

她跟建棋攤牌時，建棋一臉抱歉，不過分手是他提出來的：「我覺得我們兩個距離好像愈來愈遠，不如就到此為止吧！」曉玲有點不甘心，想了這麼久提分手的居然是建棋，因此也爽快的回答：「好啊！」

建棋悶著頭，以最迅速的方式搬出曉玲的公寓。曉玲沒有難過太久，重獲自由的新鮮空氣是如此甜美。

有一天，曉玲突然接到建棋的email，標題是「心寒」，內容是關於建棋與辣妹分手，目前搬回爸媽家，不過那些曉玲都不在乎，她只看到了一行字：「你這麼爽快的答應分手，實在讓我相當心寒。」

「心寒？有沒有搞錯？」曉玲在電腦前大喊。她本來想回他一封email，詳述他過去幾年來讓自己對他的愛逐漸冷卻的行為，不過最後還是打住了。她在這男人身上已經花了夠多時間，真的別想要她多花一小時來指導他如何過活了。

她刪掉了那封郵件，確認沒有留下半點痕跡後，她回想起那個曾經在校園裡英雄救美的男孩，那彷彿是童話故事裡的情節，跟自己一點也無關。

愛我，請珍惜我

愛情不是馴養與服從，也不是讓你濫用另一半的寵溺。

當任性壓過了尊重，
所有的情意也會漸漸擠壓殆盡。
因為，真正的愛，必須被珍惜。

「喂，我今天七點下班，你來接我，送我跟朋友們去餐廳吃飯——就只有我去而已——欸，人家我們姊妹聊天你在那邊插什麼花啊？——什麼，那你先接我去再去買啊！——對啊，好啦，那晚點見，七點，不要讓我等喔！」

小米滿意的掛上電話，接受大夥羨慕的眼光。大家都說小米找到了一個好男人，雖然這男人的外型跟小米並不搭：小米有著模特兒級傲人的臉蛋與身材，而她這個聽話的男友——綽號大叔——卻一副貌不驚人的憨厚樣。我們不懂大叔到底怎麼打動小米芳心。總之，小米在與帥哥男友分手後，馬上就投入大叔的懷抱，而這對讓身旁人下巴掉一地的美女野獸配，居然也一起過了幾年。

只是，這段愛情，似乎不是那麼對等。

小米腦筋靈活，講起話來反應快又風趣，只是聰明的嘴下難免有點不饒人，尤其對自己那百依百順的男友，更是變本加厲，要嘛頤指氣使、要嘛諷刺責難。而大叔就好像前世欠他的一樣，對她逆來順受。小米跟他講話總像在使喚下人，或把他當隨扣隨到的計程車司機。

「說真的，你對大叔的態度未免也太差了吧？」有時我們看不過，會勸小米幾句，但小米總是嬌嗔的回答：「哎呀，男人本來就該拿來使喚啊？他們這麼賤，你要不壓住他，就會爬到你頭上去。」

小米不知聽了哪位兩性專家的話，覺得女人就一定得當女王。但她也不是一直都這麼不溫柔，當她愛著那個帥哥男友時，真是個柔順的小女人，整天依在身邊，像是隻聽話的小寵物，然而那男人卻常背著她偷吃，把小米搞得傷心欲絕。面對那個壞男人，小米可沒那種淩人的架勢。

大叔在我們眼中，像是來替前任壞男友還債的可憐蟲。所有小米當初沒敢發的脾氣，都出在他身上了。

有次我們問他：「小米對你這麼壞，你還這麼愛她？」大叔憨厚的笑說：「沒關係啦！

反正女人嘛，讓著點就好，她私底下對我可是很溫柔的！」

當時我們以為這種失衡的關係，不過只是在朋友面前的假任性，是一種對男人來說「你看我這麼疼女友」，對女人來說是「你看我男人多聽我話」的炫耀，其實根本沒事的。

誰知道，事實就是如我們想像的那麼嚴重。

一天晚上，我們又接到了小米電話，她有氣無力得說著：「好奇怪，我這幾天打給大叔，他都沒接我電話，我打給他朋友，他們也沒有大叔的消息……我好害怕他會出什麼事，我該怎麼辦？」小米一說完，馬上就在電話的那頭哭了起來，平時根本不屑一顧的男友，現在對小米居然變得如此重要。

朋友開車載著她，到大叔有可能出沒的地方，一處一處找。車上，我們問起大叔失聯前，是否發生了什麼奇怪的事，小米說：「他這幾天工作壓力好像很大，我那天晚上叫他開車去買壽司給我吃，很奇怪他突然不肯，我一直念他，他居然把客廳的茶几給翻了，把我嚇死了……最後我們只好吃家裡的泡麵。」

幾個朋友聽得瞠目結舌——男友工作壓力大，居然還硬要他開車去遠處買壽司？我們終於忍不住痛罵小米，小米居然像個小女孩般大哭了起來。

所有地方都尋遍了，小米不停打電話，大叔也都沒接。我們把車停在寬闊的馬路邊，一群人突然跟小米一樣，沒有了方向。

然後，小米手機來了簡訊。是大叔。

「我很愛你，但我無法忍受你對我的不屑一顧。我得離開你，去找一個會珍惜我的人；而你，也去找個你願意珍惜的人吧！」

小米看完簡訊，一臉茫然，口裡念著：「我很愛你啊！我也珍惜你啊！我不要你離開我啊！」淚滴無聲的從眼角留下。

我們都相信，小米真的很愛大叔，只是愛情裡，「尊重」是很重要的成分，尊重能維繫感情，替彼此加溫，讓兩人越走越近，更相互相依。但其實尊重是一種人生在世的基本常識，不只對情人，所有人都要有尊重。

至於那些聲稱另一種性別很低賤、需要馴服的人，他們肯定是被感情遺棄、又看不得人家好的可憐蟲。何苦傾聽失敗者錯誤的建議，去導致自己人生的悲劇呢？

跟蹤

不想留下的人，是怎麼追都追不回的。
「我只能愛他，我只要他。」其實只是不安所產生的偏執，
同情自己，只是為自己的懦弱尋找藉口。
與其花時間去追那些不想回頭的人，
不如花力氣去尋找之前那個快樂的自己。

今晚她跟朋友借了車，為的是要跟蹤一個人。

那個男人，曾經是她生命的一切。她依然深愛著他，更確切的說起來，是她根本放不下他，因為那男人已經不愛她了。幾天前的夜裡，那男人回到家，冷冷的對她說：「我愛上了另一個女人，我要離開你。」然後他就著手開始打包行李。這房裡的東西太多了，一半都是屬於他的。「他只拿了一只行李箱，怎麼裝得下呢？」當她震驚著看著眼前的一切，整個人還搞不清楚狀況時，心裡想的居然是這個問題。「其他的東西你不喜歡就丟掉吧！」這是男人離開前最後一句話。

她猛然回過神，開始跟他拉扯，要他解釋清楚，求他不要走。她哭，她鬧，抱著他不讓他前進，那男人只是甩開了她，頭也不回的離去。

那一整晚，她癱在原地，無法動彈，不知道該去哪兒找出動力，送往身體的四肢，重新讓自己爬起來。一直到黑夜變成了日出前的深藍，她才恍惚意識到，這下不起來不行了，天剛才這麼黑，這總還是被陽光刺破了夜，亮了！

她現在人在紐約，一個完全不屬於自己的城市。人人都愛這個地方，說它時尚，說它格調，但她總覺得自己就是一個擺盪在大城裡求生的物種，默默的匍匐前進，免得被前仆後繼的生物給輾斃。

但她以為自己是開心的，畢竟她是為了這個男人才來到這裡。這是為了愛，為了愛就是為了自己，所以她犧牲自己靈魂的一小角，來尋求與愛人團聚的遠大未來。當然，那男人在遊說她一起來的時候，她相信他的愛，將會全心全意。

但這時髦的城市也許屬於那男人，但絕對不是屬於她。她在這城市裡唯一能做的事，就是取悅她的男人。她以為，只要為那個相愛的男人付出一切，就能得到幸福。她也的確嘗過短暫的甜蜜，只是她發現，自己被困在了一個叫作「愛」的圈圈，在那裡頭不停的打轉，像隻盲眼的金魚，不停碰壁，總有一天要頭破血流。

那男人的態度開始轉變，看她的眼神從溫柔變成一種疑惑，這讓她更加恐懼，她開始有種隨時會失去他的預感。情緒與懷疑層疊累積，她變成了一種可怕的歇斯底里，這個叫作「愛」的圈圈被爭吵弄得塵土飛揚、烏煙瘴氣，男人開始在外頭過夜，放她獨守空閨。每當一個人睡的夜晚，她總會想著，原本的她是什麼樣子？在這繁華的城市裡，自己卻如塵埃一樣輕盈渺小，這不是她原本所想像的。

然後那男人走了。

她去打聽男人的行蹤時，注意到所有人看到她的表情，那是一種「我的天，這女人怎麼變成這副德性？」的驚訝，那對她是一種鄙視。每次見到這些人，她都想大喊：「你們可以忍受男人的劈腿，為什麼無法接受我煎熬的肉身？」

她借了這部車，尾隨著這個男人。男人的車裡載著那個女人，停在商店前。她尾隨著他們進入，躲在貨架後，透過商品的縫隙觀察著這兩人——他們有說有笑，他們相愛，因為他們是快樂的，就如當初她與男人在一起時的模樣。她怔住了，玻璃櫃反射著她扭曲的臉頰，削瘦的臉被狠狠拉長，她像個女巫。當初那個美好、快樂的她去哪了？那時她在自己的國度，有一份不算太好但算是喜歡的工作，過著沒太優渥但相當平實的生活，有著不算多但可以相伴的朋友，那時她愛自己。她選擇為愛人拋下一切，以為為愛而活是偉大的，然而現在的她，只是一堆自燃後的餘燼。

那男人跟新女友離開了。她一人走到外頭，抽著菸，想起了王菲的一首歌：「可是為情奉獻，讓我覺得，自己是驕傲的，偉大的。」現在的她，沒有驕傲，更不偉大，這句歌詞是對愛情的諷刺，愛情裡沒有了自己，剩下的只是愚昧。

菸抽完了。她知道自己不能一直待在這裡。她試著雙手握拳，找回四肢的氣力，讓自己勇敢站起。她還得試著去跟蹤一個人，這回跟蹤的人，會是從前的自己。

勝犬

成敗有時，愛恨有時，

今天的人生勝利組，難保不會一夕之間成為愛情事業兩頭空的魯蛇。
敗犬，曾經也有過驕傲的勝利；
而勝犬，其實也等著衰敗的那天而已。
沒有人有立場驕傲，
因為驕傲，也有時。

她，是那些人口中所謂的「勝犬」。

從小到大，讀書總是第一名，念的是第一志願，拿獎學金出國留學，初戀就遇上疼愛她的好男人，畢業後在知名企業工作，領讓人眼紅的高薪，買高級地段的豪宅。人生裡她沒遇過的情況，叫困盾；生活沒教過她的事情，是失敗。而事實上，她對於身邊的人常為生活的小事苦惱感到不解，為何這些人老是抱怨工作不順、為愛心煩、有問題就求助算命師、悲傷就在酒吧大醉、在 KTV 唱傷心情歌會淚崩、明知會淚崩還要繼續唱傷心情歌。

她是「勝犬」，總站在高處昂首看世界，面對身旁人的苦痛，她的說法是：「可悲之人必有可恨之處，你們之所以掙扎，必定因為你們自己也做了不對的事，才會導致今日的結果！」

她講這些話的時候，鼻孔還吹著氣呢！姊妹們聽了，只好收起高昂的情緒，默默低頭，她以為她們反省了。她是從不抱怨的！有什麼問題是解決不了的呢？她的信念是：天下沒有做不到的事，沒有追不到的幸福！世界被畫了一條線分成兩等分，她一直都穩占著那個最好的位置，雖說為「犬」，但只要被冠上了「勝」字，她也不覺得反感。她本來就是勝利的，之前是，之後也永遠會是。

姊妹少約她去酒吧了，她們改約在明亮的咖啡廳，喝著幸福人才消受得起的下午茶，開心的聊著幸福事，當然多半是她在講，越講越覺得自己身上發出了一道光，直射完美天堂，而這道光，閃得周遭的人對她啞口無言。逐漸，她連下午茶都不喝了，因為姊妹不約她了。她無所謂，勝利者不與失敗者廝混，失敗者總會互相取暖，沒有進步。

翻轉一切的契機，不是什麼天災，是金融大海嘯。那天早上，她帶著勝利的光芒去上班，大主管今天早上要跟她開會，應該是要把大案子交給她，她自信滿滿，勝利總是站在她這方！

中午，她跟其他一半的同事，抱著紙箱，裡頭裝著她在公司裡這幾年來的家當，一起搭著電梯，離開公司。早上大主管告訴她，受到金融海嘯的影響，她被資遣了。

她原本想打電話給男友哭訴，可雙手抱著紙箱，拿著電話哭訴未免太狼狽，於是搭上正好停在路邊的計程車，她至少還有個溫暖的家。

拿出鑰匙開門，門竟然沒有上鎖，難道是出門時忘了？她還沒想清楚，就發現門口多了雙高跟鞋，主臥室傳來歡愉的尖叫聲，她僵直著身體，腦子一片混亂，等她到了房門口，親眼見到了那個她以為很愛她的男友，正汗濕淋漓、裸著身體，被另一個陌生女子的雙腿緊緊纏繞，她還發不出半點聲音。

「努力工作了這麼多年，最後就只拿回一個紙箱？……那對狗男女不能在外面開房間嗎？非要帶回家來，在我們兩個睡的床上搞嗎？」事情發生以來，她不停約姊妹們去酒吧，抱怨人生，藉酒消愁。

她又喝醉了！純凍龍舌蘭一杯杯灌，離婚開啟了她的酒力，只是今天才週二，姊妹們晚上就得陪她在酒吧喝了。

她算是幸運的了，男友把房子留給她，選擇了外遇辣妹，這陣子他們去了北海道滑雪，那個原本他說是要帶她去的地方。

正當她還想繼續灌下一杯龍舌蘭時，被姊妹一把搶過，替她灌下這杯酒，冷冷的問她：「你現在怎麼不想想，到底做了什麼，才導致今天這個結局呢？」

她被激怒了，拎上包包，搖搖晃晃衝出酒吧。

寒冷的冬夜，她一個人蹲坐在人行道上大哭，透過淚眼模糊的視線，她似乎見到一隻名種棄犬，跟她一起瑟縮在路邊。

牠之前應該也是一頭勝犬。

第四章

愛情裡的雄性動物，
有著不同的愛情血與淚。

赤裸

類型：想愛，卻不敢愛的男人。

你當他是永遠的朋友，可惜，他想做的，不只是朋友。
就算你為其他男人受遍了傷，他依然癡心守候，
你還是無法愛他，因為你怕一旦愛了，你就會失去他。

「請你永遠當我最要好的朋友，拜託，不要愛上我！」某一次失戀後，她這樣跟他說。他點頭，然後把她擁在懷裡，讓她放聲哭泣。她的哭聲像利刃，一刀刀剮在他的心頭，他恨那些傷害她的男人，他無法想像，怎麼會有人想傷害她？

他回家，站在鏡子前，看著鏡裡赤裸的自己：平凡無奇的外表，腰腹、胳膊、大腿、下巴都積滿了肥膩的脂肪。他從沒問過，為什麼她身邊的男人一個個換，卻始終沒有挑上過他。「我是個醜陋的人！」他自己對自己說。完美如她，當然不會將她列入交往的考量。但他知道，自己深愛著那女孩，所以她笑的時候，他就會快樂；她痛的時候，自己比她更痛。那個永遠不要愛上她的承諾，他對著鏡子，責備自己：「你啊，又說謊了！」

沒多久，她又交了新男友。這男人跟以前的一樣，外表光鮮，卻肯定沒有內涵。這不是偏見，在感情上她老是重蹈覆轍，總是愛上同一款男人。但她總是第一個把男友介紹給他，對方禮貌的問好，握手時用了過重的力道讓他感受到一種敵意。他警覺到，這男人有著恐怖的雙面性格，在她面前，彬彬有禮，她一走開就轉了臉。

「你知道她怎麼說你嗎？」她一走開，那男人就揚起了醜惡的笑臉。「她都叫你肥油仔，我們前幾天才說，胖子通常那裡小，她還說，你肚子上的肥油搞不好都可以當遮羞布。」男人發出咯咯的詭異笑聲，他企圖壓抑內心的憤恨。等到她回來，那男人馬上變回原本的溫柔。他肯定，這男人最後一定又會傷害她，而且力道遠比他想像的有過之而無不及。

他回到家，又站到鏡子前，檢視自己赤裸的身軀，他不敢相信她會這樣說，那根本是種毀謗——或許她根本沒那樣說，是那傢伙自己編造出來的！

「這男人的性格太可怕了，他一定會跟其他人一樣傷害你——不，他比他們更壞，你會傷得更深！」他終於忍不住向她攤牌，他覺得這是出自關愛，但她認為他是嫉妒。

「你為什麼要特別針對他？我知道他會開點小玩笑，有時會開過火，但他真的沒有惡意，你認識他之後就會知道了！」

「我認識他夠久了，他在我面前就像個惡魔！」

「你怎麼比我媽還嚴重？」

「也許是因為我比你媽還愛你，我比全世界任何一個人都愛你，但你卻永遠看不見！」

他發怒了，但也說出口了，他推翻自己的承諾，等一回過神，已經太遲了。

她打破沉默，然後淡淡的回應：「誰說的？」

她再也沒來找過他。他接受了職務調動，去了香港。

搬進新住所的時候，他突然下定決心要減肥：他看醫生、運動、節食。兩年多下來，許多一起工作的同事都說：「簡直都要認不出你來！」他聽到都會想：「不知道她認不認得出來？」

他聽說，她懷了那雙面人的孩子，被逼墮胎不從，於是被那男人打到流產，那男人坐了牢，她則在平復後，閃電嫁給一個樸實的公務員，小孩今年剛出世。回家的前一天，他又再度看著鏡中赤裸的自己，一副和以往截然不同的肉體，想著：「這就是我所要的嗎？」

這年返家，他終於提起勇氣，打了通電話給她。

「你好嗎？」一個簡單的問題，問得百感交集。

「嗯。」簡單的回答裡，也藏著不尋常的平靜。

他跟她約在一家安靜的咖啡廳，她穿著樸素，跟以前的她大相逕庭。

「現在要養孩子，用度要節省點。」她說。

他們沒重點的聊著：香港生活、新工作新同事、婚禮、婆媳、小孩……

「你為什麼減肥了？」她問了。

「就想改變一下。」他又沒老實講了。

她笑說：「希望不是為了我。」

他沒回答。

「為什麼，我從來不是你考慮的對象？」他終於問出口。

空氣在這一刻，凝滯得讓人難以忍受。她喝了口茶，眼神一直浸在杯中的茶汁裡。

「我談戀愛是個瘋子，遇到愈愛的人，我愈會失控。如果我和你在一起，我會更瘋狂，你肯定會被嚇跑，這樣我就會永遠失去你了。」

他本來想跟以前一樣，用玩笑的口吻對她說：「少來！」

但她回答之後，始終沒有抬起眼看他。那眼淚滴進了茶杯裡，她一把將茶杯給推開。

他選擇相信。

「你快樂嗎？現在。」他問。

她抬起頭，擠出一抹笑容。

「我很平靜，對我這樣的人來說，是很重要的。」

那天晚上，他又站在鏡子前，不再赤裸，但他放聲大哭，像個赤裸的孩子。

劣男

類型：明知自己不夠好，怕女人好過自己的自卑轉成了自大，變成了隻中空虛胖的假沙豬。

那些會責怪自己女人太優秀，搞得他壓力很大的男人，內心一定有個很自卑的大黑洞。

其實，我們應該給予這種男人同情，只是這種同情，是我們所能給予的極限，其他的就免了。

姊姊跟他說，他的前女友美倫要嫁了，還是嫁給一個老外。頓時，他有點不是滋味。這心情其實很荒謬，明明是他甩了美倫，分手也快兩年了，也不懂自己怎麼會這麼在意。其實他一直覺得，美倫是個很好的女人，甚至是有點「太好了」。她不但長得漂亮，也比自己有才華，人又上進，雖然學歷比自己高，但一有學習的機會絕對不放過，努力迎接新的挑戰，談吐優雅，言詞幽默風趣又有見解，對他又相當溫柔，簡直是完美。他連自己都搞不懂，美倫怎麼會看上他？

「因為我感覺，可以跟你講很多事，跟你在一起我很放心。」美倫曾這樣跟他說。

但是，他卻不太敢讓大家知道自己跟美倫的關係，因為——

「這有點丟臉！」他有一回這樣跟他姊姊說。

姊姊離了婚，靠自己工作養活兩個孩子，也算是個女強人，非常欣賞美倫，聽到自己的親弟弟這樣說話，訝異是一定的。

「跟這麼好的女人在一起，怎麼會丟臉呢？」姊姊問。

他吞吞吐吐、扭扭捏捏的道出實情：「拜託，她什麼都這麼好、這麼強，我什麼都輸她一截，好像被自己的女人踩在腳底下，這種感覺很差。」

姊姊對他的辯解嗤之以鼻，「怕比人家弱，不會去增強一點啊？連這種事情都要怪別人，她跟你在一起，我還替她難過咧！」

如今想起這段往事，他覺得，要是當年不是自己的姊姊、而是另一個比較有權威的人來跟自己說這段話，也許就是如雷灌頂，馬上聽從建議。可惜，他從不信服女人的建議，只覺得姊姊囉哩叭唆。

「你就是這麼嫌棄男人，所以老公才不要你！」

這話把姊姊氣得好一陣子不理他。

他並沒有讓自己變得更好，對美倫說話反而愈來愈放肆。

「人幹嘛這麼優秀，瞎瞎的過不也挺好的？」

他開始躲避著她，甚至背叛她，下班後就到夜店酒吧裡瞎混，把年輕正妹，像是對美倫示威般的刻意墮落。直到有一天，美倫親眼見到他挽著一名年輕正妹走出賓館，他「見笑轉生氣」，居然就在大馬路上嗆她：「驚訝啊？像你這種自己為完美的女人，哪個男人敢要！我需要親切的女人，你給人壓力太大了啦！」

那天之後，他就沒見過美倫了。聽說美倫中止了在台灣的工作，跑到國外進修去了。而他有工作有錢長得又不差，對女孩子來說相當有吸引力，周旋在不同的年輕女孩之間，一開始帶給他無比的虛榮心與成就感。

「沒想到我這麼受女孩子歡迎！」他跑去跟姊姊炫耀，姊姊連看一眼都懶得。只是久了之後，他發現自己根本無從在那些女孩的身上找到一絲安穩。

「我還以為是你想要這樣。」他再度跟姊姊訴苦，姊姊回覆他的時候，口氣居然冷冰冰。

「那些女孩子雖然胸大人正，但年紀畢竟太輕了，我說什麼她們根本不想聽，她們講的話我也聽不下去，根本沒有內容，只會撒嬌跟耍脾氣，真是糟糕！」他埋怨的口氣，像是全世界都欠他一樣。

「但你自己又多好，配得上哪種貨色？太好的被你嫌，差的你又不要！」就是在這一刻，姊姊告訴了他美倫要結婚的消息。他太震驚了！分手才不到兩年，她居然就要嫁人了，還是個老外！

「我就知道她想吃西餐！」他內心自行勾勒美倫未婚夫的樣貌：又醜又髒又愛玩、沒錢要女人養的白垃圾，怕嫁不出去只好抓住這種爛咖。

「可是人家的未婚夫雖然比她年輕，但是人帥聰明、工作好薪水高、又肯嘗試新的東西，聽說最近在學中文呢！最重要的是，人家真的很尊重她，肯聽美倫說話，不像台灣很多男人，對女人要求一堆，還會埋怨自己壓力大！」

原來姊姊在他們分手後，偶爾還會跟美倫聯絡。現在她成了美倫好友，自己卻變成她數落的對象，他心中更不是滋味了。

「你也該高興啦！至少你沒毀了人家一生，像她這樣的女人，是值得這樣子的幸福的。」

姊姊說完之後，嘆了一口氣。

他突然發現，身為男性的尊嚴，第一次被狠狠的掃落在地。

無趣男

類型：無趣，不是他的錯，但他就受不了別人比他有趣，尤其是女人！

男人無趣不代表他不好，

不過明明無趣還硬裝成博學多聞、見多識廣的自大，想讓人喜歡也難。

不如承認自己無趣的人生，

並且勇於接受其他人的帶領，開拓出人生其他有趣的可能性。

只是，要是做得到，或許他就不會這麼無趣了。

但，男人再無趣，不代表會孤老一生；

女人標準太高，單身一輩子的可能性，恐怕還比他高。

在她起身離開之後，那男人在她背後怒吼：

「你別太高傲！也不想想自己都幾歲了，有人想約你就該開心了，還在那兒挑三揀四，真是不識相！」

她本來可以不理會，但既然他都失控了，她當然也得反擊。於是，她轉過身對他逼近。

「你才知道，我就算孤單到老死，也不願意跟你多相處一個小時！」

這話絕對出於真心。她說完這話，才拂袖而去。

不過她也很清楚，這男人只要持續不斷以結婚為目標，終究會找到一個願意跟他共度餘生的女人；反倒她自己，恐怕真的會單身直到生命終點。這世界上許多人只想找一個人陪自己，吵吵鬧鬧、無聊致死都無所謂；但是她不行，她無法想像自己的餘生得和一個對生命沒有想像、對生活沒有趣味，甚至連外表都只想維持無趣整齊清潔的男性一同度過，就如她所說，就連一小時，她都已經覺得是在浪費時間了！

一切起因於朋友的好事。大家覺得，她條件這麼好還單身，簡直是資源浪費，於是開始積極的替她介紹對象、安排相親，只是，身旁的好男人要嘛已婚，要嘛有固定對象，再不然就是垃圾。最後，終於在某朋友的「朋友的朋友的高中同學」中，找到一個「聽說是個好男人」的對象，就湊合進來了，否則忙了半天連可以考慮的對象都沒得交差，豈不丟臉？

她很抗拒，但敵不過朋友的要求，只好前往赴約，沒有任何期待。只是，她萬萬沒想到，這個男人居然是一個將Polo衫塞進西裝褲搭配廉價皮鞋的中年男子！當然，她不是以貌取人，但光看外表就知道這男人的世界與她離得太遠！她突然感到罪惡，自己原來是外貌協會？但——怎麼說——她的眼睛真的無法直視他，就算不重視打扮，但至少要有品味吧？

她努力抵抗內心對他外表的鄙視，說服自己說不定在這俗氣逼人的外衣下，對方其實有條有趣的靈魂。於是，她強裝開心與他聊天，只是這男人不但沒有任何興趣，不做任何休閒，一切的知識都是從電視新聞上看來的，沒有主觀判斷能力，不懂藝術不聽音樂不看書不進電影院，沒有任何藝術鑑賞能力。

她看得出，那男子用盡力氣想要把自己表現的有趣，然而他的言談卻只停留在高中的對話程度，但她配合大笑，那是掩飾尷尬的過嗨。幸好，手機響了，同事打電話詢問工作上的事，她推托有事提早離開，結束這恐怖又折磨人的約會。她飛奔到電影院看了場屠殺片，告訴自己一點都不慘！

打開臉書，那男人送了交友請求。她好奇點入了他的個人頁面，卻連臉書都如此無趣：線上遊戲發的訊息，廣告社團發的訊息，聯誼社團發的訊息等等，沒半篇自己的貼文，他就像是個機器人，靠著虛擬世界解除煩悶，自己卻拿自己一點辦法也沒有。她當然沒有回覆他的交友請求，他們本來就屬於不同的世界。

不久，替她牽線的朋友尷尬的說：「那個——人家說你都不理他，想再約你一次，拜託你就再去一次吧？」

她的心裡當然是千百個不願意，但她的冷漠似乎已經引起了介紹人與對方的尷尬。頭都洗了，現在就算不剃，也得跟人家講清楚。她答應前往赴約。

地點是在便宜嘈雜的咖啡廳。她一坐下，口都沒開，對方就開始努力唱著只有自己覺得有趣的獨腳戲。她不想再花力氣佯裝，只讓嘴角冷冷的上揚。對方看出她的不耐，於是尖銳的提問：「你到底是對我有什麼不滿嘛？」

尖銳的態度惹毛了她，但她抑住光火，盡量溫婉的解釋他倆其實不合適，他會找到比自己更適合他的女人等等。只是男人一點都不領情，開始數落起她如何自以為是，何必鄙棄自己等等。她不想聽這些話，於是起身離開。

然後，就是宛如電視劇般的情節。

她想，自己真的太高傲了嗎？她盡力把自己活的精采，把生活過得認真，何苦為了婚姻，屈就於對生命毫不努力的男人？她又想：「算了吧！單身一輩子又如何？」婚姻畢竟不是幸福的保證書，自己認真活得實在，才是幸福吧！

離開你，才能被看見

類型：被人崇拜過了頭，忘了什麼是愛，什麼是崇拜的「超級偶像」。

當男人被捧上了天，還在地表匍匐的女人，就會顯得異常渺小，
小到他快看不見，甚至忘記要去看見。
要讓這種男人看見自己的唯一方法，就是放棄對他的崇仰，
當他發現自己少了崇拜的支撐，
跌落到了跟女人同海拔的地表，
他就能重新發現自己的女人了。
而那個原本愛他的女人，可能已經跑了。

小玲離開阿隆一陣子了。不是那種驚天動的的分手，而是沈默、緩慢的慢慢離開。我們會發現是因為最近這段期間，小玲像掃開了長久的陰霾，脫了胎換了骨，成了一個全新的女人。問起她最近有什麼好事？她才回答：「不知道耶，或許是我終於離開阿隆了吧？」

小玲回答時若無其事的態度，才把大夥給嚇傻了。她跟阿隆感情穩定，怎麼會說分就分呢？

「只有這樣，他才看得見我！」小玲平靜的說。看來離開阿隆的想法，在她心中醞釀已久。

當時，小玲相當崇拜阿隆：他英挺、自信、成功，許多女人打量著他，想把他納入囊中物。小玲在別人眼中，也是個活潑有想法的女人，或許是因為如此，阿隆才會萬中選一的挑中了她。當阿隆對小玲示愛時，她幾乎不敢置信，就像剛獲得后冠的選美皇后一樣受寵若驚，原來夢想中的幸福，真的可以獲得的！

即使像小玲這樣耀眼，在阿隆身邊，也只能屈從在他強大的氣勢之下。小玲一開始覺得那是幸福，像是不管到哪兒，都能感受到阿隆的保護，她只要緊緊依在他身邊，世界就算垮了也不必害怕，因此她甘心放下自己的才能，作一個照顧他的賢內助。阿隆有時工作忙、事情多，脾氣暴躁在所難免，她也想要替他分勞解憂，就算是說說話想想法子也行，但阿隆總是粗暴的回答：「拜託，這你又不懂，講給你聽有屁用！」

如此粗魯的回覆，讓小玲想了很多。她以為是自己的錯，因為她太讓自己倚賴阿隆，所以阿隆才會忘了她原本的樣貌。於是她重拾以往的興趣，報名了畫室學畫，認識了不少朋友，生活變得多彩了起來。有時她在家會跟阿隆聊起畫室的事，或是分享她繪畫的心得，阿隆也是不太搭理。「你們這種畫業餘的，有什麼大道理好說的？」阿隆雖然笑笑的說，但語法上總有種鄙夷，彷彿她只是一個自以為是的凡人，只能靠著無限放大自己微弱的才華，才能凸顯自己的價值。

於是她開始少在他面前提起自己，作起了無聲隱形的女人。她以為這樣至少不會受到愛人的鄙視，然而阿隆卻漠視她的存在——她從來沒受過阿隆的讚美，對於外人，阿隆卻從不吝惜稱讚：菜是別人做的好、話是人家說得對、別人總是有想法、品味也是別人高。小玲就算得到了別人的稱讚，阿隆也不會附和。他只見得到別人遙遠的好，自己跟他這麼近，阿隆卻完全視而不見。

於是，小玲開始後退、疏遠。她一開始還懷抱著一絲希望，說不定稍微保持一點距離，阿隆就會感受到。但他依然故我，他的世界依然繞著自己轉，他的成就讓所有人都圍繞著他，小玲就算慢慢走遠，他也沒有發現。最後，小玲終於死心，一封冷冷的信總結了一切，迅速搬離原本的愛巢。

這會兒無法置信的人成了阿隆，他怒吼著：「我到底是做錯了什麼？我有什麼地方虧待了你？我對你有哪裡不好嗎？」

小玲可以說很多，但可以說的話或許太多，於是就選擇不說了。她給了阿隆一個無奈的苦笑，搖著頭轉身離去。

沒有阿隆的人生，小玲反而鬆了一口氣。她再也不需要費心去博取另一個人的注視與讚美，她只需要忠於自己的想法，把藏太久的那個自我勇敢的表達出來。她跟以前一樣，投入心思認真工作，把大部分閒暇時間都投入在畫畫上。不久之後，她在咖啡廳裡開了一個小型畫展，其實就幾個朋友知道而已，也沒有大肆宣傳，不過她卻收到了阿隆的簡訊：「我去看了你的畫，畫得真好，你真是充滿驚喜！」

小玲看著簡訊，面無表情的沉默了好一陣，眼神卻像閃過了很多情緒。她想起她要離開的當下，想對他說的話，那是情感與情緒複雜糾結的千言萬語。她現在依然有很多話想跟他說，但想說的依然太多，以致於她在回覆時，把簡訊裡那些字打了又刪、刪了又打，刪刪減減到最後，等她的情緒終於平穩下來，只剩下了一句話——

「離開之後，你總算看見我了！」

小玲按了傳送鍵，既然距離才能引起他的注目，那離開後的位置，才是最適合她的地方。

那個微小的男人

類型：美其名熱愛藝文，實際上卻矯揉造作的小男人。

熱愛藝文，喜好文創，崇尚風格，沒什麼不好。

即使對藝文的偏好讓他再與眾不同，面對世界也是要腳踏實地。

因為自己特殊的藝文品味，就對平凡人的喜好嗤之以鼻，

甚至只是愚昧的追求不合常理的小確幸，

這樣的小男人，別說讓女人放心了，

女人搞不好會覺得：「這樣的男人，怪怪的。」

「你就別再這麼龜毛了！我告訴你，像你這把年紀，生活圈都已經固定，不靠人家介紹根本無法認識男人。不然怎樣？難道你要孤家寡人一輩子嗎？這個男人我見過，真的是你的菜，在藝廊工作，喜歡旅行，生活很有品味，對了，他也很喜歡看電影，你不是最愛看電影嗎？好啦好啦，人家很願意認識新朋友呢！就這樣說定了，你們這個週末去約會，我來替你們安排！」

她在電話上劈哩啪啦講了一串，只是她說的對，到了一個年紀，單身女子想靠自己遇上

好對象，機會比在路上被腳踏車撞到的機會還低。於是我答應了。

「星期六下午兩點，藝術電影院，你們先看電影，然後在看狀況是不是一起逛街吃晚餐。」

他本人留著粗獷的長髮，卻打扮成一副學生的斯文樣，我想到自己身上的 Coco 香水，對他會不會太重了呢？他給了我一抹淡淡的微笑，讓我稍微放心。

原本我想看重新上映的經典片，但他比較想看另一部純愛電影，雖然這一向不是我的菜，連接個吻都扭扭捏捏，看得我是昏昏欲睡，既然是對方出錢，我也沒什麼好堅持的。影片結束，他問我：「喜歡嗎？」我尷尬一笑，他幽然的看著遠方說：「我喜歡，這種平平淡淡的感覺，不浮誇不造作，也相當尊重生命，瀰漫著溫暖的幸福。」

我不懂純愛片跟尊重生命的關聯。

「我也愛看好萊塢片。」

他一聽，眉頭一皺。「好萊塢是創作的墳墓！」這句話有點指責的味道，雖然我可以用一句「這是二十年前的舊思想了吧」反駁他，但是初次見面，人家說還是有點女性的矜持才好，就算是裝的也罷。

看完電影，我們在旁邊的創意商家逛著。他走進那些手作商品的店鋪，撫摸著那些手染織品，臉上洋溢著幸福的笑容。那種輕柔，我的確有想過他是否也是以同樣的方式愛撫他的女人，但這想法沒維持多久，就被他另一篇感言給打斷：「手作的東西，就是人性，光觸摸，一股微微的幸福感，就會透過肌膚表層到達你的內心，這裡所有的一切，是如此的細緻，如果生命中能夠充滿這種微小的美好，人生該有多幸福。」

我掛著僵硬的微笑，耳朵像是在接收火星人發送來的訊號，由一堆我懂的字，串成一串我不懂的密碼：細緻、微小、美好、幸福，我陳腐的頭腦努力搜尋著彼此的關聯性，摸了摸他剛碰過的手織品，嗯，粗粗的，但這次我學聰明了，藏起心中的問號，假裝羞怯的點點頭。

他堅持要到一家「小小的」咖啡店，但店門口擠了滿滿的人潮，我注意到大家的打扮都跟他有極高的相似度。我們等了好長一段時間，才等到吧台邊的座位。

「我最喜歡這種小小的店面了，別說咖啡，就連這邊的裝潢，都是老闆的心血，最重要的是這裡的咖啡香，氣味本身就代表了一種幸福，還有這裡和煦的燈光，照在心中就有一股深切的溫暖——」

既然燈光能夠和煦，還能直接照射心中，並且讓溫暖能夠深切，一杯咖啡所帶來的清醒，也許是我目前最需要的幸福。於是，我點了黃金曼特寧，他居然點了菊花茶。

「我覺得，小確幸這三個字，真是全世界最偉大的發明！」他這樣說，眼底真的洋溢著幸福。我沒有翻白眼。

「那你知道小確幸這三個字的由來嗎？」

他愣住了，支吾強辯著哎呀重點是幸福本身等等。咖啡端上，我細細品嘗，他繼續發表著微小幸福理論，我機械式的點頭，完全不想費神解碼。

隔天，友人來電。

「喂，人家說感覺不錯，你呢？」

感覺不錯？為什麼？

「我不喜歡大男人，因為我是大女人，但一個只喜歡微小、平淡、和煦、細緻跟小確幸的男人——喂，誰受得了啊！」

友人先是沉默，突然爆出大笑。

「我的天，你怎麼跟他前女友講得一模一樣！她還說，你怎麼能冀望一個微小的男人有什麼激情呢？」

友人繼續咯咯笑著，我腦子浮現一個令人不安的想法：「微小的男人，是否有哪裡是偉大的呢？」

微小到讓人連追究的欲望都沒有。

劣質舊貨不回收

類型：老愛找前女友碎嘴現任女友的男人。

有的男人就是愛找前女友訴苦，因為她瞭解他；有的女人就是怕男友找前女友聊天，因為怕男友出軌。前女友，似乎總是現任女友最大的敵人。

但有誰問過那前女友，她難道真想把他回收？說不定人家只是基於對老朋友的同情心，才好心聽他訴苦呢？

當我的手機螢幕的來電顯示他的名字時，心裡就有一陣不祥的預感。

確切說來，同學會時我就感受到了這股不安。但人總會長大，我們也早就脫離過往，各自發展自己的人生：我有了穩定的感情對象，而他身邊也有了足足小十歲的正妹。的確，我們畢竟如此不同，分手，的確是老天最好的恩賜。

愛裝熟的老班代發了通訊錄，當時我就有預感，這傢伙說不定會打給我。我怎麼知道？當年這男人居然在他偷吃而引發我倆吵架時，打電話去給前女友訴苦，被我逮個正著。

於是我猜想，同學會平和的氣氛，他該不會就以為我可以如他所願，好好做他「最好的朋友」？

犯錯的男人，總希望自己能夠變成前女友最好的朋友，好降低罪惡感。

爛人！

我把這事情跟男友說，他聽了居然放聲大笑。

「你不緊張？」我問。

結果他竟然說：「當然不緊張！你還滿討厭他的嘛！不過不要太討厭他，這樣我會嫉妒。」說完之後，還接著大笑。

一切如我所料。三天後，我的電話顯示了一個不認識的號碼，一接起來才發現：媽呀，真的是他！

「你在忙嗎？」他問。

「嗯，很忙！」我說。

「那晚上可不可以喝一杯，再晚都可以，我有事情想問你。」

「但我很忙耶！」尤其在他面前我肯定忙。

「拜託。」

我最後還是屈服了。離開辦公室時，已經是晚上十點，跟他約在公司附近的小酒館，我想速速了結這一切。

問候，寒暄，最後才是好戲登場。他的疑惑主題是：我在女友身上找不到安全感。

他們交往了三年，當初認識的時候，她才剛畢業，到他公司實習，相當認真，常常跟他一起工作到很晚，幫了他很多忙，最後當然也順理成章幫到了床上。她的身材火辣、皮膚白皙，做愛技巧一流，配合度高，他很自然的沉迷在她年輕的肉體裡，趕走訂了婚的未婚妻，要小女友馬上搬進他家，方便歡愛。不過，基於性的愛情，卻帶給了他極大的危機感，怕兩人的欲火熄滅，他得不停在床笫間推陳出新，來滿足年輕女孩的巨大需求。

「我都快瘋了！我得去找A片、看《慾經》，後來發現字太多對我幫助太慢，乾脆跑去找性愛體位圖解，每天跟她看著圖試不同姿勢，還得觀察她是不是真高潮……」

他聲音很低，但心情卻很激動。年輕正妹跟在身邊，吸引了他人的目光，自然給足他面子，但沒想到，為了怕她膩，還得花上這麼大的苦心。別說他沒想到，就連我也沒想過這男人辛酸的一面。

「現在對我來說，那都不再是享受了！我很懷念以往那種為了愛而做愛的感覺，那種溫柔結合的緊密感。」他突然抬起頭，兩眼盯著我兩眼。「我真的好想再體驗這個感覺。」

那時的我是什麼感覺呢？我思考了很久，發現竟是噁心與忍耐。噁心，是因為我知道他在想什麼；忍耐，是因為我才不想跟他重溫舊夢，而我又不想在這間我常出沒的小酒館失態。

這時男友正好打電話來，於是我藉口男友在家等門先走一步。

回到家，我跟男友講這一切，男友又大笑了！

「你還真不是普通的討厭他！」男友說。

「你為什麼不生氣呢？」我問。

「因為你回來啦！」男友繼續說：「不過，你再繼續心軟聽他訴苦，我就會生氣了。」

兩天後，我的手機螢幕上，顯示了他的名字。我不停的掛斷，他不停的打來，於是我沒好氣的接起來，居然是個女生。

「喂，我是他女友，你就是我們同學會見過面的那個吧！告訴你，你不要再跟他見面！前女友又怎樣？就是了解他嗎？就比我強嗎？」

那年輕女孩就這麼劈哩啪啦的罵上整整三分鐘，我聽了不但沒生氣，反而覺得好笑。一直到她罵累了，我才找到空檔說話。

「好啊！你說的我都同意。拜託你跟他說，再也不要打電話來了！他真是很——」

我停住了。因為我發現接下來我就會跟那女孩一樣，劈哩啪啦的數落這個男人，而我何苦花精神數落他？

「算了，你如果真的喜歡就留著吧！但我可一點也不願意回收劣質舊貨。」

蒼老

類型：風光時不懂珍惜愛，一旦落魄，只能可悲的乞討愛。

風光時，沒人想過一旦落魄，會是怎樣的慘狀。那個男人站在生命的巔峰時，以為周遭的一切都不會消失，任性糟蹋別人對他的愛。

只是成敗有時，

當他的自私被看穿，支撐他的一切都瓦解時，他也只剩下一副蒼老的軀殼，所謂的靈魂，早已被他揮霍殆盡。

或許這時候，他真的懂得珍惜愛，

可是，早已沒人願意給他愛了。

再見到他時，是在一個朋友的婚宴上。他頭髮斑白，鬍鬚雜亂不修邊幅，臉頰下垂，雙眼空洞，一副隨波逐流的肉體。她被嚇到了，小心翼翼的找了個他見不到的角落坐下，一旁默默觀察他。

他沒跟任何人互動，任憑自己空虛老朽的身軀，漂浮在喧騰熱鬧的氣氛裡。他像是看不見的隱形人，他不存在。

他被掏空了，那肉身底下，除了還在運行的五臟六腑，什麼都沒了。曾經與她緊緊交纏的堅實，已經衰敗；他的靈魂，早就離開不知去向。他老了，好老，但他到底幾歲了？她認識他時，他三十五、六，不年輕也不太老；她二十一、二，不算老也不太年輕。十年過去了，算算他頂多才四十五、六歲，怎麼衰老成這副德性？這個人現在的樣子，絕對不是當初自己深深愛著的那個才華洋溢、充滿熱情的男人。到底是什麼，把他的迷人、風趣、光采全部帶走？

當年的她，只是一個剛出社會小女孩，對世界充滿了憧憬，也懷有許多不安。他的一切，是如此的明亮、紮實，讓她瞻仰迷戀。為了讓他印象深刻，她在外表上打理的可圈可點，還自我充實各方面的知識，避免自己空洞的內在而被嫌棄。為了讓他愛上她，她真的很努力，這努力也沒白費，他終於接受了她，在她年輕的肉體上宣示主權。他們形影不離、旁若無人，即使知道他有妻有子，她也毫不在乎。

他是讓她驕傲的勝利獎盃，是她努力爭取愛情的成果。與他雲雨時，她知道他是如何著迷於她的身軀，他有時在完事之後會痛哭，訴說自己是多麼無助無能，於是她承諾，把自己毫無保留的獻給他。他帶她到歐洲旅行作為回報，住最好的飯店，喝高檔的紅酒，在街頭像對歐洲情侶，肆無忌憚的擁吻。她很清楚自己第三者的身分，也很少幻想他會為她拋妻棄子，只有在這一刻，她以為或許在回去之後，就能完全擁有他。然而，旅行回來後，他搞了好幾天的失蹤。直到他再出現時，是來告訴她，她太年輕，還是去追求另一個能讓她託付終身的男人吧！她不從，於是她繼續努力，讓他知道自己是多愛他，就算她發現他身邊有了其他年輕女孩，也毫不放棄。她的努力算是有點成果，她成了他空檔的填補伴侶，偶爾陪他上床睡覺，生日節慶卻只有孤單相伴。她的情緒愈來愈瘋狂，完全無視於身旁友人的好言相勸，她相信，只要能在他身邊，就算只是小四小五，她也心甘情願。

搖醒她的人，是他的妻子。她用理性、嚴肅、卻帶著憐惜的口吻，要她別再繼續在他身上浪費青春。那女人把她最後的盔甲硬狠狠的給扒光，讓她赤裸裸的現出一身傷，何等不堪、不值。最後，她帶著一身殘破，遠赴他鄉求學，試圖脫離這個吸血的男人。

心再痛都會放下。她遇見了可以給她安穩的男人，可惜才華與外貌皆不如他。她後來聽說，他習慣性的出軌，終於讓妻子離他而去，帶走了孩子與房子，以及每個月高額的贍養費，他的才華從那一刻起開始凋零，公司倒閉，經濟條件大不如前，身邊當然再也沒有女性圍繞。

她偶爾還是會想起他，胸口會有一點酸楚，畢竟這男人曾經讓她迷戀得不顧一切。或許就是無法控制的欲望，把他徹底掏空吧？她應該要幸災樂禍才是，傷害她的人終於得到了報應啊！不過她好心痛，是對自己青春的哀悼，也是為他下場的悲傷。

他似乎感受到了她眼神的熱度，轉身與她四目交會，在那一刻，他的眼底才有了一絲絲的情感，那是一種求救，揮舞著淚水告訴她：「來救我吧！用你當時對我的愛，來拯救我吧！」

她想，她真的想，走過去，坐在他身邊，將手心貼在他的臉頰，讓他感受到自己對他殘留的愛。她終究還是打消了這念頭，畢竟自己花了這麼多時間來拯救自己，就算對這個男人心裡頭還有一絲依戀，她很清楚，即使自己曾經如此愛過他，但不被珍惜的愛，還是能走到盡頭。

而這就是盡頭了。

男人最忌不入流

類型：愛計較的男人，惹人嫌。

愛比較的男人，也許只是不想輸，

事事都要爭第一，也算是讓人佩服。但要看他比較的事情是什麼。

如果比較的是自己的成就跟氣度，要自己比別人更好，

男人這樣的比較，其實是他的驕傲；

萬一在乎的只是一些無關緊要的枝微末節，那就是計較，

是小氣，是小鼻子小眼睛，成了讓人不堪的不入流了。

小蘭跟阿宏分手了！這對情侶從大學到現在，前後交往了八年，本來大家都覺得，這對的感情已經穩固到無聊的一對，最後應該就是以結婚請二十桌、然後生三個小孩把他們養大後一起相伴到老作結。誰都沒料到，最後兩人下場竟是分手，而且還是小蘭狠心甩掉了阿宏這個金龜婿！

「什麼金龜婿？家裡有錢不代表內心富裕好嗎？」每次聽到有人稱呼阿宏是金龜婿，小蘭就一肚子火。的確，阿宏父母是做生意的，在東南亞自己有廠房，家中又有不少房產，

阿宏從小就不愁吃穿，更不怕在這不景氣的時代裡，畢業之後會沒錢付房租或找不到工作。小蘭跟著他，就算不是大富大貴，但至少經濟穩固。

然而，困擾小蘭的，一直都不是家境的問題。

「我真不懂，一個男人怎麼有辦法這麼小鼻子小眼睛！走到哪兒都要計較。」小蘭這幾年，常常這樣抱怨阿宏。

說穿了，阿宏不知是否受到白手起家的雙親節儉刻苦的個性影響，常常對於一些與金錢有關的小細節相當介意。一回，小蘭跟高中好友約吃飯，帶著阿宏去參加。那是一家商場裡的平價西餐廳，愛吃肉的阿宏跟小蘭同學一樣點了牛排，上菜之後，阿宏卻不停跟小蘭抱怨兩份牛排的分量不同。

「你看，他的肉比我大塊。」

「哪有，我都看不出來，是一樣的吧？」

「沒有，他的真的比我大塊。」

兩人在眾人面前竊竊私語，當同學關切時，小蘭還得裝作沒事，其實根本很想翻白眼。

不過，丟臉的事情是在後頭。結帳時，小蘭的同學提議由自己先刷卡，適逢週年慶，他們幾人的餐費正好可以換一包白米。誰料阿宏此時居然說，這包白米應該當場分給大家，還跟餐廳要了塑膠袋準備分米，小蘭當時只想挖個洞鑽進去。

「分白米？有必要嗎？我們有窮到買不起米嗎？」小蘭抱怨完，還用雙手遮著臉，無奈的搖著頭，應該臉都被丟光了。

那包米，最後當然是由小蘭跟阿宏整包帶回家，只是小蘭氣得死不肯將米拆開，那包「爭取而來」的白米，就只能放在櫃子裡不見天日。

類似的小事發生得愈來愈頻繁。

當學生的時候，小蘭跟阿宏還常一起出遊玩樂，她只覺得阿宏這個人，雖然家境富裕，但花錢相當有節制，不會為了面子去太昂貴的餐廳，或為了討好小蘭，跟別人一樣買一堆名牌。誰知道，原本的節儉，居然在阿宏接下家族企業裡的工作之後，逐漸變成了摳門。

「他大錢不花無所謂，我最受不了的，就是他老愛貪小便宜省小錢！」分手前，小蘭就常跟朋友抱怨，她最痛恨阿宏每次去哪裡開會、跟廠商應酬，就一定要拗免費停車。「他到哪裡開會都一樣，絕對會問人家有沒有免費車位給他停，要不然，就一定要停到最便宜的。有一次我跟他去看電影，因為來不及只好停附近超貴的停車位，結果他就不停在那裡唸啊唸，最後我氣得自己去把停車費付掉，他還說我管太多！」

不止如此，出國玩一定要住最便宜的飯店，排再久的隊也要吃到最便宜的料理，寧可夜宿機場也要買最便宜的機票，就連小蘭說她替他出錢，讓自己旅行舒服一點，還被阿宏斥責奢侈，兩人大吵一架之後哪兒都沒去。

「你說他金龜婿？請問，哪個金龜婿會摳門得連自己人都不肯大方？我要是嫁給他，我看我才命苦咧！」離開阿宏的小蘭，終於忍不住在友人面前大聲抱怨。

小蘭對於阿宏，不是沒有感情，八年的青春放在一個男人身上，不可能說放就放，她花了很長的時間，才找到下一段感情。新的戀人年紀比小蘭略小，學生時期就開始打工賺錢，獨立謀生，個性外表成熟穩重。

「其實因為口袋不深，對於錢的方面他也掐得很緊，但用度有方跟斤斤計較完全是兩回事，他知道賺錢是拿來花的，而不是拿來攢的！」小蘭對新男友的表現相當滿意。男人稱不稱頭，其實跟有沒有錢一點關係也沒有，就算坐擁名車房產與鉅額銀行存款，只要不入流的表現出計較與小氣的態度，絕對會讓人看不起，重點是讓另一半丟臉而不自覺，等於是摳門混搭白目，才是顯得不稱頭的主因。

老男人的浪漫主義

類型：拋棄女友時，還覺得理所當然，卻單純的相信，對方會愛他一生一世的自戀男。

愛情再令人癡迷，但多半分手就分手了，

當然，分手之後，被拋棄的那方，會經歷一段陣痛期，

不過時間會化解所有的愛與恨，總有一天，雙方各自尋得屬於自己的春天。

誤以為對方會因為你的離開而陷入憂鬱深淵、痛苦得無法自拔？

很抱歉，您是否要去照照鏡子，看看自己是不是太自戀了？

這幾天小芯有個奇怪的心願：希望自己能得個重感冒或腸胃炎，這樣就有正當理由不去參加同學會了。但同學會前幾天，她才在市場巧遇大學同學，還互留電話，要不去同學鐵定會問東問西。算了！長痛不如短痛，討厭的事牙一咬就過了。同學會能開多久？頂多兩小時就走人！

有多少人不喜歡參加同學會，就有多少種不喜歡的理由。小芯的理由只有一個：不想聽到或見到大學時期的男友良生。

小芯跟良生是班上第一對班對，入學沒多久兩人就在一起了，然後一路甜甜蜜蜜在一起四年，羨煞全校男女。所有人，包括他們自己，都認為畢業之後、男生當完兵，就會馬上結婚、共組家庭，就跟電腦要升級一樣理所當然。

但天下有什麼是真的「理所當然」？畢業後，良生去當兵，小芯開始工作，因為工作相當無趣，小芯興起了去國外念烹飪的念頭。良生雖然不捨，好不容易退伍，又得分隔兩地，但嘴上卻還是鼓勵她。於是，良生退伍後不久，小芯就去了巴黎念烹飪學校，良生則過著上班族的平凡生活。

遠距戀愛通常就是分手作結，就連這對穩定的情侶也不意外。不過，提分手的倒不是在巴黎看似生活多彩的小芯，而是良生搞上了自己的女上司。良生寫了一封充滿歉意的 email 跟小芯分手，小芯本來還想說服良生復合，誰料良生最後的 email 說了：「我從來沒有這麼愛過一個女人！」

小芯知道，自己並不是他所指的「那個女人」。多年的相伴守候，竟輸給一個上過幾次的離婚女上司！於是小芯死心了。自那封惱怒人的 email 之後，她再也沒跟良生聯絡，就連提都不想提到他。

很多人以為，良生的背叛，必定傷透小芯，她肯定花不少時間去平復。事實上，忘記良生並沒有太困難，餐飲學校讓小芯忙碌不堪，每天下課累得回家倒頭就睡，根本沒空去想良生的事，失戀的創傷也一下就平復了。沒多久後，甚至就有男同學跟她示愛，可惜不適合就只停留在朋友階段。

幾年後，小芯拿到了學位，回到了故鄉，進了好餐廳工作，走上了一條跟大學同學們完全不同的路子，她驕傲的對自己的人生感到滿意。

工作一切順利，感情卻好像沒那麼平順。良生之後，小芯雖然也遇上了幾個令她心儀的男人，但最後不是發現對方幼稚得糟糕，就是只能當好友不能當男友。今日的小芯依然單身，雖然沒有男友但人生過得倒是挺愜意，沒啥好抱怨，除了這個即將來臨的同學會外。

該來的還是會來，不希望發生的事情終究還是得去面對。同學會當天，良生果然出現了，小芯知道這樣不好，太小家子氣了，但她就是不想見到良生，整場同學會她都刻意挑離良生最遠的位子，連看都不看他一眼。她就是不想見到他，理由很簡單，不想搞壞自己的心情。

同學會結束之後，大家互道珍重再見，禮貌寒暄相約一定要常常見面，但天知道通常下回就是十年後了。小芯撐完了這一下午，好不容易等到道別的一刻，良生此時居然主動追來跟小芯打招呼。小芯再不想見他，總不能沒風度到這樣還不理不采吧？於是，剛收回去的客套模式，又再度搬了出來。

「聽說，你還單身？」良生客氣的問。

「嗯，對啊！」小芯雖然掛著笑容，但心裡想著：「關你屁事！」

「那個——」良生不知怎麼突然抱歉了起來：「我知道當初離開的時候很傷你，但是，天涯何處無芳草，千萬別因為我——」

「啊？」小芯的驚呼似乎嚇到了良生，「你以為我是因為你才沒交男朋友？」

良生尷尬的說：「剛剛我們聊天聊到，我也想過這件事，希望你別——」

「夠了！」小芯毫不留情打斷良生：「我媽從小跟我說，不喜歡的東西別吃，臭的別聞，醜的別看，」她不屑的看了良生一眼，「對於你，純粹是討厭的不想碰著罷了！」

轉過身，小芯因解脫鬆了一口氣。然後她才發現，原來自己已經過了浪漫的年紀，女人隨著年紀增長變得現實，而男人居然開始浪漫了起來！

當愛已成往事

類型：生活百無聊賴，想向外尋求刺激，不料卻把半途的出軌當真愛，多年之後再回首，才慶幸自己當年迷途知返。

平凡無趣的生活，引發出的厭倦，會刺激人尋求改變。
所有的衝動，都會造成盲目，
耽溺於出軌情愛的快感，以為這才是嚮往多年的真愛。
只是，流水姻緣來得容易，自由的假象讓人癡戀著迷，
但那個讓人癡迷的過客，
你可曾想過，或許她心中藏著一段心痛的曾經，
那段曾經，才是她的最愛。

那個男人跟同事抱怨，自己的生活很膩，他好想逃離這個地方，就算只有一小段時間也好，一個人住，只替自己打理一切，遠離現在平靜無波的一切。

「不如向公司申請外派吧！你得不帶家屬，機會比較大。」同事這樣跟他建議，「相信我，我就是這樣出去的！」

一如同事所言，男人順利外調一年。他本以為要花時間說服妻子，沒想到她壓根不想帶

小孩跟他去洛杉磯，男人頓時有點失落。

男人出了國之後，一開始像是剛放出籠的鳥，興奮的四處飛翔。結婚快十年，第一次有機會脫離家人生活，他覺得自己又活了起來。不過，自在的日子沒維持多久，正式上班後，他發現公司裡的洋同事雖然表面和善，事實上卻很難與他們打成一片。公司裡有另一名年紀與他相仿亞洲女子，他盡量不去接近她，因為他不想被跟她畫在亞洲人的圈圈裡。

星期五晚上，公司辦了一個迎新派對，但同事們根本沒人理他們幾個外來者。那男人於是悄悄溜走，一個人躲到那家日本料理店小酌。

男人在吧台啜飲著大吟釀，一名女子走進店裡，他轉頭一看，發現居然是公司裡的亞洲女子。女子見到他之後，猶豫了一會兒，決定坐到與他相隔一個座位的椅子上。

「也覺得無聊，所以當逃兵？」女子操著廣東腔，他猜到她是從香港派來的，但他一時搞不清她口中的「逃兵」，指的是生活的逃兵，還是那場派對的逃兵？

日本料理店那次之後，他們想既然出門在外靠朋友，那不如就成為彼此的朋友吧！他們中午總是一起吃飯，常在日本料理店裡一坐一晚上，假日甚至一起出遊，感覺像是相識多年的朋友，彼此之間完全沒有隔閡。有一回，他們倆一起豪放的大啖生蠔龍蝦，結帳的時候，服務生說今晚夫妻用餐打八折，雖然是誤認，卻毫不猶豫決定當一夜夫妻，最後男人還牽起她的手，一起走出餐廳。

不知是有意還無意，兩人牽著手走出餐廳後，就忘了放開，靜靜的走了好一段，直到女人停下腳步，慢慢的把手抽開。她第一次問起了他的家人，他坦承自己早已娶妻生子，為了想暫時脫離婚姻的牢籠，所以申請外派一年，沒想到家人也沒反對。至於她，喔，還是別提好了，反正像她這樣獨立的女人，很難把男人留在身邊的。

那晚之後，他們愈來愈熟悉彼此的陪伴，男人的妻子偶爾會打電話來說她很想他，但他卻只惦著身邊那女人。這年過後該怎麼辦？或許該申請多留一年，或許……

一天早上，他們在餐廳準備吃早午餐，女人起身去點餐時，一名男子靠近她，女人似乎有點驚訝，兩人聊了起來。不久之後，女人走過來對男人說抱歉，遇見個朋友，先走。她請了幾天假。回來之後，她告訴他，那是一個對自己很重要的人。

在那一刻，男人才發現，自己愈來愈著迷的女人，心底其實藏著另一個人。

女人決定接受倫敦公司的長期派駐，男人只能回到原處，陪伴妻小。看著這名相伴一年的女子，他想自己已經愛上她。最後一夜，他們回到日本料理店，靜靜的吃完飯，然後在街上散著步。走著走著，男人突然牽起了女人的手說：「聽著，我願意申請去倫敦，陪在你身邊。」這一句告白，已經是這年紀的男人能做到的最大極限。

女人看著他，放開他的手，冷靜的跟他說：「不，你才聽著，這一年有你的陪伴，我很開心，但你已經結婚生子，是倦了婚姻才來到這裡，覺得自己又年輕了一次，什麼都有可能，但這些都不是真的，你終究會回到你的家庭，而我會繼續走我的路。」

女人還說了什麼，男人不記得了。但一如她所說，他再度回歸家庭，接受平淡但踏實的日子，沒再聽說過她的消息，除了一回，他帶著孩子在捷運的手扶梯上，隔壁逆向的手扶梯，迎面而來一名跟她神似的女子。頓時，他的心跳空了一拍。

「是她嗎？」

他想喊住他，卻等到兩人擦身而過之後，才敢轉頭確認——那背影像極了她。

那女子沒有回頭，孩子的呼喊把他的神識拉回了現實，牽著孩子繼續往前。他想，就算是她，那段日子也不會再回來了。過去的戀情，不管當下有多深刻，一旦愛人走遠，那感覺頂多朦朧像霧，但再也說不上是什麼了！

忽然，他胸口有點酸。

第五章

有關愛情的奇想、異想，
以及故事們。

末日的情人

愛情，有時遇上了，礙在面子問題，死不承認。

你跟自己說：「我不愛他。」

「不不不，他只是個『普通朋友』！」

「搞什麼鬼，其實我挺討厭他的啊！」

拚命否認自己對他的感情。

但你其實知道，否認得越認真，表示他對你越重要。

其實，你早就愛上了。

面對愛情，我們得放棄矜持。

想要愛情，沒啥好丟臉的！

怕丟臉，就會錯過了。

「要是到世界末日，我都還是孤單一人怎辦？」那天我喝醉了，在酒吧指著電視上的末日專題大喊。

「幹嘛這樣！大不了我陪你，我們在一起，到世界末日那天！」他也喝醉了。喝醉的男女在酒吧裡，什麼承諾都下得了。

那是二〇一一年的年底，那時我前男友被我抓姦在床沒多久，我請了個長假，去了一趟花東，展開療傷之旅。我以為生活只要簡單，就能夠忘卻一切，殊不知腦子一閒下來，剩餘空間便被那些快樂又痛苦的回憶給填滿。

我晚上固定都會在酒吧喝上兩杯，說是讓自己開心，其實是藉酒澆愁。在那裡，我遇上了他，一個跟我有相同境遇的同路人。在世界末日的前一年，我們被愛情給遺棄了。跟他交往多年的女友，出國念書不到一個月之後，就棄他去找了其他人。他不知道能怎麼辦，只好跟我一樣，車票買了來花東，然後現在，我們才會一起在酒吧裡，許下那個莫名其妙的承諾。

玩笑話，別當真就好了！誰想的到那個晚上之後，我們居然還挺認真的在面對這件事。

剩下沒幾天的假期，我們一起走完；回到台北，重拾正常生活，卻依然沒放棄與對方約會這件事。他啊，挺可愛的啦，年紀差不多，身高沒太矮長相沒太醜，一開始是有點尷尬，像是相親之後奉雙親之命得出來約會一樣，不過這尷尬期一下就過去了，畢竟是旅途中遇到的人，怎麼樣都會找到一些共同點。

於是，我們跟其他正在交往中的人一樣，吃飯、看電影，然後還有……你知道的。有一段時間，我們好到形影不離，朋友們都知道我的生命中一定有了什麼變化，要求我把人帶出來。但我該怎麼介紹他？這傢伙說好只陪我到世界末日那天啊！「哈囉，這是我……末日的情人！」

是這樣嗎？末日的情人，這名號挺浪漫的，但要解釋起來挺複雜的……唉，還是藏起來算了。

而他想的跟我是一樣的事情吧？他跟我說過他全家大小、從小到大的故事，但我卻沒見過他任何朋友。我們這是將心比心，一種另類的體諒就是了？

不過，那幾個月，怎麼說呢？很愉快。

「喂，那世界末日那天到了，萬一沒有末日，我們該怎麼辦？」有一天晚上他問我。

「呃——那就——契約終止囉！」不然我還能怎麼回答？

「契約終止？意思是？」

「就——到此為止囉？」我一點也不想讓他覺得我想巴著他。

很奇怪的，那天之後，我們之間的關係就有點疏遠。才剛克服掉的那個隔閡，居然迅速的在一晚上的時間又建立了起來，我突然覺得自己摸不透他，卻又不想對這個有保存期限的情人，表現出過多的關懷，雖然我滿腹疑問，外表依然佯裝平靜。

然後，逐漸的，他在我的生命裡，顏色逐漸變淡，變成了抹浮水印：還在，不想看也不成大礙，想看的話，他還在那，清清楚楚。

倔強如我，當然不想讓他覺得，自己有多需要這段因為幾句玩笑話而延伸出的感情。他不聯絡我，我當然也不會主動給他消息，日子久了，也就又適應沒他的時刻，每天上班、下班、自己吃飯、睡覺、看電視。生命失去了靈魂？是，但人可以被訓練，寂寞可以習慣，樣板的日子過下來，有一天，我下班在小吃店裡吃晚餐，看著新聞才發現：哎呀，今天世界末日啊！

世界末日沒有來，我們早就都知道會這樣，這是商人用來賺錢的幌子，只是我們心甘情願被欺騙，好讓自己的匱乏無聊的日子多點浪漫。就這樣神不知鬼不覺，我與他的契約已經終止。世界末日隔一天的早晨，我如往常一般搭著公車去上班，這世界還是一樣的，只是我的生命裡，有了小水波那樣的些微變化。

我接到了封簡訊。

「我想我們應該換約。」他寄來的。

「換什麼約？」我想我知道他說什麼，但我不能先把底牌給掀了。

「世界末日沒來，先前契約不該成立，終止無效！」

我沒馬上回，人家都說，女生如果馬上回簡訊，會被男人看輕。所以我打算回到辦公室之後，再給他回覆。

那個晚上，我們換了約，這次這個約，沒有期限。

錯過的一二八個緣分

「六度分離理論」的內容是說：

世界上的人際關係，只要透過六個人，就能讓素昧平生的兩個人取得聯繫。在網路社群發達的現代，兩個人的緣分，中間夾的不止六個人。你跟他之間，其實隔了一百二十八個相識的人，即使你們素不相識，在網路上，你們依然可以交談，可以從中感受到一股親密。但要讓你們要相遇、相識，還需要一個機緣，或是一點勇氣，還有一點衝動。不在於中間隔了多少人，是在於我們想認識對方的欲望，有多強烈。

下雨天的下午茶，外頭雨水滴滴答答，我面前的她嘀嘀咕咕。我沒費神聽她的愛情習題，有人的愛情老出問題，因為她想要那些問題，衝突帶來刺激，也成為討論的話題。我對這炫耀的嘆息沒啥興趣，但我安安靜靜，低著頭看著手機。

有個人，是她的朋友。我很確定自己不認識他。我曾點進他的個人頁面看過了，我跟他沒半點交集，除了一百二十八個共同朋友。我注意到他，是因為他雖然不常回覆朋友貼文，但只要出手就是針針見血，我想像他是一個冷酷的劊子手，極度理智，下手迅速。

「他是誰？」人生不是一本偵探小說，他也不是穿著風衣走在陰冷街頭的殺手。我打斷了朋友滔滔不絕的戀人絮語，手機點進他個人頁面，攤在她面前。

朋友沒抗議自己說話被打斷，她定睛看了這傢伙的大頭照，是一張他小學畢業照，相當符合潮流。

「他喔，怪人一個，你認識喔？」這傢伙在她生命中看來沒占有過一席之地，因此肯定也不會在她情史上有過篇幅。

「不認識，但我跟他居然有一百二十八個共同朋友。」

很顯然，「一二八個共同朋友」對她而言並不代表任何意義，而她也沒發覺我這個只有四百個朋友左右的宅女，對於這位一二八先生充滿了好奇。

那天起，我像對一二八這數字著了魔：小說正讀到第一二八頁、硬碟容量一二八G、晚餐花費共計一二八元、某線公車是一二八、電視劇正播到第一二八集——而我，針對他與我之間的一二八位朋友，正展開全面性的搜索與調查（透過網路，當然！）分析這一二八位朋友與我的熟悉度，過去半年內是否有見過面、見過幾次、我與這些朋友怎麼認識、我是否有可能在任何場合與他擦身而過？——

我一直避免點進他的頁面，查看他的文字與照片。但當我分析完這一二八位共同友人之後，他似乎是我最後一個研究對象。於是，我點進了他的個人頁面。啊！平凡無奇。他在網路上顯示出來的個性，像是一盆溫度宜人的清水，謙虛，無害。在那些與我一二八名共同朋友們合照的照片上，他就是這副沒有攻擊性的模樣，我懷念他在別人的貼文上回覆時那種銳利，但這時的一二八先生卻讓我大失所望。

我警覺到自己的走火入魔，強迫自己不准再注意任何與一二八相關的人事物。這數字只要一出現在我眼前，立即裝作沒看見；嚴格限制自己不得點入一二八先生的個人頁面，而他這陣子也很少上線，都沒回覆我們共同的一二八位友人。也好，就讓他消失吧！反正雖與他有一二八位共同朋友，我們之間卻沒任何瓜葛。

那個晚上，某位朋友光臨了知名咖啡店買了昂貴的咖啡豆，正在臉書上提問，為何他煮不出店裡的味道。我跟他一來一往問答之後，發現這位友人正在以廉價的咖啡器具殘害這高貴的豆子，我正斟酌字句的同時，許久不見的一二八先生，居然跳出來直言：「咖啡好不好，不在於它的價格，在於識貨者的舌尖。」

我不是被他直衝的口氣感到震驚，但卻宛如闖入禁區般心跳停了半拍。我實在沒必要為一個網路上的陌生男子而緊張，但我清楚這緊張的來源，來自於某種欲望上的限制。

接在他的回覆之後，我建議友人不如藉此機會遁入咖啡的世界，並分享當初自己走上此途的契機，而神祕的一二八先生，居然在這條貼文回覆中，與我一來一往交流了起來，我感受到宛如偷情般的心跳加速。然後，這一夜的尾聲，結束在友人一句：「我去看個電視你們倆個就聊起來了是怎樣？」與一二八先生給我的交友邀請。

「所以——就這樣？」今天依然是個滴滴答答的下雨天，我們在老店家喝著下午茶，說故事的人是我。

「對啊，然後，我們就聊天，約出去，跟大家一樣。」

我啜了一口冷咖啡。好咖啡冷了之後不會如流行歌曲所說的走味苦澀，而是更加甜美。

「所以，你們算是我們這一二八個朋友作的媒？」

「才不是，你們是我們害我們錯過的一二八個緣分！」

她不以為然，瞪了我一眼。好啦，就算是我們的一二八位媒人吧！

春夢

夢，如果會揭露我們內心的欲望，

那與一名不熟識的男子之間的春夢，就代表了對他的情欲？
就算沒有，既然在夢中火熱纏綿，是否會煽動現實中的情感，
本來對他毫無感覺，突然變得小鹿亂撞？
不過，對一個人有了好感，卻硬為自己築起高牆，不給自己與對方機會，
那就算天注定的緣分，也會與你擦身而過。
夢或許不是現實，但真想要美夢、甚至是春夢成真，
其實耍點無害的小心機就可以達到。

她夢見了那個男人。

在夢裡，她身著性感內衣，躺在赤裸的他身旁。他突然轉身深情凝視著她，這個凝視沒讓她緊張，反而讓她感到一種自由與解放。隨後，他開始吻她臉頰、耳後、頸肩，逐漸下降到胸前的深溝，再繼續往腰際探索，一路抵達她柔軟溫濕的深處——

然後鬧鐘就響了。被鬧鐘驚醒的她，相當疲憊不說，當她想起夢的內容，才真的是全身

上下不對勁。

她認識那男人，是公司裡另一個部門的小主管，年紀比自己稍長，照過幾次面打過幾次招呼，相識的程度約莫就是知道彼此姓名與部門、在路上遇見會盡量避開的那種交情。

她著實不懂，自己怎麼會夢見他，還是如此盪漾的春夢。

早上全公司小主管大會，夢裡的那位先生本尊就坐在她的正對面，她又想起了夢的內容，一股渾身不適再度來襲，然而對方微笑的點頭，自己當然也得報以相同的回應，然後心理默默祈禱對方不要發現她的異狀。她才剛這樣想，就不禁笑了出來，他又不懂讀心術，怎麼可能知道自己在想什麼呢？

她盡量讓自己專心開會，然而眼角卻忍不住瞥了那傢伙幾眼。雖然這春夢讓自己感覺不舒服，但他說實在條件不差，是那種能迷死一批女孩、才貌兼備的如意郎君，公司裡也很多女同事仰慕他。

她對他不是沒有興趣，只是對他一無所知，也不想跟那些迷妹般，吱吱喳喳的圍繞在他身邊，增加他的虛榮心。不過，自從作了那個夢之後，她內心似乎有個地方給掀開、觸動了，她開始對他展生好奇，只是這種好奇心混雜了一種畏懼，來自於那種被侵犯的恐懼，她怕自己在這個蠢夢之後所產生的好奇，會讓自己不知不覺愛上他。很多愛情小說情節都是這樣發展的，她可不希望她的感情會這樣進展，因為她覺得些小說裡寫的都蠢斃了！

於是，在這種摻著恐懼的好奇籠罩下，她開始避免自己跟他有所互動，但卻開始偷聽身邊的女同事們交流對他的仰慕（她以前都覺得這些女人未免也太花癡了！）她這才發現，自己每天中午一起吃飯的好友阿媚，原來是這男人的頭號粉絲，而她居然之前都不知道！她問阿媚仰慕他的理由，阿媚說他相當具有紳士風範，總是會親切的替女同事按電梯、開門，微笑又相當迷人，做事又幹練等等。

正說得陶醉時，那男人走了過來，阿媚很自然的跟他微笑打招呼，她卻很刻意，壓低眼光假裝沒看見。

那男人見她閃避，像是不受寵的孩子，既尷尬又失落，只好默默離開。

人一走，阿媚就問她幹嘛這種態度，她這才一五一十時把那夢的內容說出口。阿媚聽了先是瞠目結舌，然後突然哈哈大笑，惹得她更不開心。

「拜託喔！夢見不熟的男人，還是這種內容，真的很不『蘇湖』好不好？」她沒像個受害者伸冤一樣說著，但阿媚卻突然一臉陶醉的回答她：「你真可惡！身在福中不知福。我多希望他也能進到我夢裡對我這樣做，最好每天我都能這樣夢見他！」

她聽了之後，翻了一個大白眼說：「你喔，花癡！」

但阿媚反擊的問題，讓她不知該怎麼回應。「你沒在意過人家，怎麼會作這種夢？日有所思、夜有所夢，你這麼確定自己沒偷偷喜歡人家？」

阿媚揭開了她內心底層的祕密，讓她茫然失措，胡亂推託斥責了阿媚，把阿媚搞得莫名其妙。

為了證明自己真的沒在意他，她乾脆強迫自己不再關注這傢伙：不再聽那群迷妹討論，他經過身邊假裝視而不見，阿媚只要講起他的事，她馬上轉身走人——她以為自己這樣就安全了，同時卻有點悵然，她似乎比以前更在意他，心卻被軟禁起來，禁止與他接觸。一段時間之後，那夢的內容逐漸淡了，她有點得意，證明了自己真的對他沒感覺。只是，她無意間得知，當初為了避免討論他而刻意疏遠的阿媚，居然跟那男人交往了。

「哎呀，這說來話長啦！」禁不住拷問，阿媚終於全盤拖出交往過程。「你知道我這陣子工作上有跟他接觸，我一開始超緊張的！結果他就跑來問我怎麼了，於是我……」

說到這兒，阿媚突然欲言又止。

「你怎樣？」她繼續逼問。

「我就把你的那個夢的女主角改成我自己，然後跟他說啦！」阿媚很不好意思的說出實情。

「原來我的蠢夢，居然被你用來當勾引人的春夢！」那時她心裡其實好不甘心。阿媚笑了，不知是害羞還是得意。只是她這時可失落極了，說不定這是老天給她的指示，要她趕緊抓住這個男人，如果她當初積極點，說不定今天得意的就是她，而不是那個要心機的花癡阿媚了。

不過，怪誰呢？想抓住愛情不僅要勇敢，有時得加上一點心機，臉皮要是太薄，機會可是很容易就拱手讓人的！

愛的囚籠

有時候，愛會讓人自由；有時候，愛反而是個囚籠。
付出，讓人擁有存在感，
不懂怎麼去愛，以為愛就是不斷的付出，
以為當對方愛自己，就必須仰賴自己的付出。
「他要沒有我，該怎麼辦？」
要知道，世界上沒有任何一個人，是絕對無法取代的。
自己只有之於自己，才是無法取代。
照顧好自己，才能照顧好別人。
真正的愛不是需要，而是共存。

那天坐在朋友開的獸醫院裡，靜靜聽著她說故事。那是一個養了很多貓的女人的故事。一開始，那女人是跟個男人一起，帶著隻波斯貓來。看得出來兩人都是愛貓人。因為來久了，我那朋友不只對那隻貓，就連那對男女都有了認識，他們是一對情侶。

「我們不想生孩子，又都很喜歡動物，所以養了這隻貓，牠就像我們的孩子一樣。」

獸醫朋友還記得，那個女人說這話時，臉上洋溢著幸福。一男、一女、一隻貓；爸爸、媽媽、好孩子。他們就是幸福的一家人。

有好一陣子，他們都沒帶貓咪來。獸醫朋友心想，動物跟人一樣，沒來醫院是好事。直到很久之後的一個下雨天，那個女子淋了全身濕衝進獸醫院，讓所有生物都受了驚。她從濕透的外套裡，捧出一隻柔弱濕漉漉的小貓，顫抖的說：「拜託你們，救救牠！」

那隻小貓其實並無大礙，醫院替牠整理吹乾，並且打了預防針，小貓就恢復了可愛的樣貌。只是那名許久未見的女子，完全失去了當初的朝氣——長髮零亂打結，脂粉未施並氣色陰鬱。經過朋友詢問，她才坦承，原本關係穩定的男友劈了腿，還帶著他們倆的貓離開，去找新女友另組家庭。男友離開已經夠受創了，但她更放不下的是那隻貓。

「那隻貓都是我在照顧，也都睡在我腳邊，牠才不想跟他走咧！」

她原本是這樣想，以為有靈性的貓最後會離家出走，尋著舊路回來。誰知她一等再等，最心愛的貓咪都沒有回家，於是跑去前男友新家，企圖把貓搶回來。沒想到貓咪在新家適應得好好的，一點都沒想回到她身旁的欲望。她好生氣、好痛苦，發誓再也不養貓了，因為「原來貓真是無情的動物」！

心碎的她走在大雨滂沱的市區，竟在騎樓聽見了微弱的貓叫聲。

「我原本想再也不養了，就頭也不回的離開。但想到牠沒人照顧，說不定馬上就冷死餓死，於是又回頭去找，找了好久才找到。請你們救救牠，不然牠的死就會是我的錯！」

貓咪好好的，糟糕的是那名女子。她開始經常性的出現在獸醫院，每次都帶著不同的貓咪，零亂的身上總瀰漫著一股濃烈的氣味，讓人投以異樣眼光。但她似乎只在乎她的貓，也不再與獸醫院的人寒暄。問她每次帶來的貓咪是從哪來的，她也不回答。朋友當時就猜她應該是在路上拚命撿貓回家養。果然之後女子就常帶著這些貓來醫院，求醫師救她的貓。

而由於飼料、預防針等都是很大的開銷，她或許早已捉襟見肘，無力負擔，她的貓似乎無法受到很好的照料，而體弱多病。朋友勸她養寵物要衡量自己的經濟能力，千萬不要拖垮了自己也傷害了貓咪，卻被她大聲厲斥：「你又知道了！這些貓都需要我照顧，牠們被主人拋棄，只有我願意愛牠們，牠們也愛我啊！」

朋友再也不說什麼，只是默默奉命看診。

但有一天，兩隻貓咪在診所旁徘徊，一看就知道是那名女子所養的貓，她把貓抱進診所，卻不見主人。兩隻貓看似餓了很多天，朋友趕緊餵貓，但她心想事情似乎不太妙，於是找出了病歷表，尋著地址找到了那名女子的公寓。

公寓早已人去樓空，空房裡瀰漫著動物排泄物濃烈的氣味。看來主人走得很匆忙，並且不打算帶走這些貓，只是把門大開，放走了貓，也放走了自己。

鄰居見朋友一個人在空盪盪的公寓裡徘徊，於是向前詢問：「你認識她喔？朋友嗎？」

朋友思考了一下，決定搖搖頭。

鄰居嘆了一口氣。

「這個女人之前好好的，跟我們相處也不錯，可是這陣子突然變得瘋瘋的——就她跟男朋友分手之後啦——照了面都不打招呼，看到我們好像我們要害她一樣，還一連養了好幾隻貓，味道好重，好好請她改善還被臭罵，說什麼我們沒有同情心——其實我也很愛貓啊！是看牠們環境那麼差，實在很心疼，不過她敵意這麼重我們也不能怎樣，也不想去舉發她。結果誰知道突然一聲不吭就走了，還把貓給放了。我看那貓可憐，收留了兩隻，其他不知跑哪兒去了。怎麼會這樣啊——」

鄰居的模樣不像是八卦，是真心的擔憂。不過旁人面對這種情況，也不知道怎麼插手。

朋友表明獸醫身分之後，鄰居帶她去看被收養的兩隻貓。牠們同樣體弱，需要調養，但是到了一個溫暖的環境，少了在獸醫院裡那驚慌的眼神。朋友要鄰居找時間把貓帶去找她，她願意替這兩隻貓免費看診。

「但那個女人——是因為男朋友離開，才變成這副德性？」鄰居問。

朋友說，她是獸醫，人的心病她不懂。她心想，這女人的愛或許是一個大囚籠，囚不著愛情，只好囚著的貓咪，不停的給予所謂的「愛」。現在她既然決定打開囚籠走出去，或許對她跟貓咪而言，都是一種解脫吧！

我和他的狗兒子

愛情，只要曾經走過，就會留下牽絆。

放開牽絆的唯一方式，就是強迫自己放下。

誰說過，兩個人一起養了狗，就表示要跟對方一生一世了？

養了狗的情侶要是鬧分手，就跟夫妻鬧離婚的夫妻一樣麻煩。

有人會說：「不就只是一隻狗嗎？」

不，那不只是一隻狗，而是你們愛過的證明。

在海外工作了三年，她很開心總算回到故鄉了。「人生重新開始！」朋友替她開了盛大的歡迎派對，邀請她所有朋友來參加。

三年前因為一份難得的工作，不惜放掉故鄉的一切：房子、車子、交往多年的男友，以及兩人一起養了兩年的狗。男人離開時抱著那條狗哭喊：「我這輩子再也不要見到妳，妳這輩子也別想見到哈比！」

哈比是那條狗。

再也不要見到他，她一點問題也沒有，反正那些日子也是在大吵小吵中度過，但是別想見到狗，對她真是很大的折磨。

「房子可以再買，男人可以再找，但我的狗，就那麼一條！」有人接著說：「狗也可以再養。」這話可是會激怒她的。因為那狗就好似她生的一樣。從收容所帶回來時，哈比只是一隻瘦弱又充滿恐懼的流浪狗，被他們倆給養成了雍容華貴。說是他們的「狗兒子」，可一點都不為過。

歡迎派對上，她拿著香檳四處寒暄。突然小腿有個溫濕的東西蹭著，低頭一看，居然是條狗。

「嗨，你好，你好帥啊！長得好像我的哈比！」她驚喜蹲下跟狗說話。「如果毛好好梳理一下，我可就真以為你是哈比了呢！」

身旁的朋友提醒：「牠就是哈比啊！」

她一聽，淚水立刻盈滿了雙眼。她以為這輩子都見不到這心肝寶貝了。她擁著狗哭泣，哈比卻因為被抱太緊而掙扎逃開，她順著哈比逃跑的方向去，就見到了那三年前說再也不想見到她的男人。

「他怎麼會來？」她又驚又怒的質問朋友。

「因為狗是他的啊！」

朋友用極短的時間做完他的簡報：目前單身未婚沒小孩，三年前分手後火速了交了兩個女友，一個接著一個，每段不超過一年，前陣子聽說跟一個女生曖昧，但後來也不了了之。

「了解！」

那男人沒想把哈比放走的樣子，為了狗，她只好去面對那個人。沒打招呼，她直接把手探往哈比的頭頂，溫柔的撫摸著。

「牠還記得妳。」他說。

「你怎麼知道？」她問。

「因為牠會咬其他女人。」他說之前，稍微猶豫了一下。

她噗哧笑了。

「不要笑，因為牠我都交不到女朋友。」

「那你把牠還我啊？」

「不行！」

「為什麼不行？」

「因為……牠是我的狗！」他語氣堅決。

他說要走了，但她緊抱著哈比不放。

「牠不會跟妳的，我照顧了哈比這麼多年，他只認我這個主人！」他氣憤的向她示威。

「但你明明怪牠讓你交不到女朋友。」她抱著哈比，像捍衛自己的孩子。

兩人僵持著，派對上的朋友們全上來和事。

「不然這樣，就比照離婚夫婦的小孩，哈比分別住兩個人家兩個禮拜吧！」

他沒有同意，硬把狗給拖回家，一場好端端的歡迎派對搞成了生離死別般的收尾。

接下來的兩周，她每天沉溺在咒罵這男人如何無情的字句裡，聽得周遭朋友大眼瞪小眼，知道迎接了她，還得處理另一樁災難。

星期天早晨，門鈴把她從睡夢中吵醒。她怒氣沖沖去開門，居然是那男人牽著她日夜思慕的哈比。

「這麼想養就交給妳，兩週後我來接牠，給我好好照顧牠！」他邊講邊流鼻水，看來是感冒，需要休養。他把哈比生活的大小東西一件件丟給她，轉身離開。

接下來的日子陷入了災難。哈比顯然不適應與離家多時的女主人同居，常常陷入憂鬱，低鳴著抗議男主人的遺棄。

她一開始想逞強，就是不想請教他，但當愛犬絕食抗議，她只好硬著頭皮低聲下氣了。

「乖，看到我就會吃飯！」他一現身，哈比就開心的進食，讓他相當得意。她也只好認了，再次跟哈比淚別。

「你為什麼不想跟我在一起，我真的很愛你啊！」她哭著對哈比說。

至於他，原本得意的表情，居然也沉下成了悵然。

她憂鬱了幾天，然後接到了他的電話。

「妳到底對哈比做了什麼？牠又不吃飯了！」他生氣的詰問。

換她跑去他那兒關心愛犬。而跟上回的狀況一樣，哈比一見到她，就去開心的吃飯了。

他倆在客廳裡，看著哈比開心的四處跑，跟兩人撒嬌。他們心理都理解了一件事，只是那事情有點棘手——

哈比抗議男女主人的分離。

他們倆人終究是沒有復合，那天過後，他們決心停止這種胡鬧的互動，不再見面。哈比慢慢接受了女主人離去的事實，開始乖乖進食，還神奇的不再咬男主人的其他女友。

至於她，交了個新男友，也養了一隻貓。

「貓很好，不會感情用事，造成困擾。」她說。

不過她的電腦桌面，依然是那隻狗兒子。

你的複製品

我可以愛上不同人，但也許我愛的所有人，根本都是同一個人。

不過請注意，他或許很像你，但，絕對不是你。
與其說他是你的複製品，
不如說其實也是我夢裡的那個理想典型
其中一個較不成功的複製品。

親愛的，你好嗎？分手了這麼多年，還能夠有這樣子的問候，這不是惡作劇，也沒有想要嚇唬你，經過深思熟慮，即使分手這麼多年來，我們根本就斷了聯繫，但我還是想告訴你，我又戀愛了！

請不要祝福我，說你很高興云云，我想我們之間早就熟悉到可以免去這種客套話，你一直很希望我可以迅速找到一個新的戀人，以免除你當初拋棄我的罪惡感，至於我有沒有戀愛，當然也不需要跟你一一回報，只是這次，我想告訴你，因為這跟你有關，這個男人，幾乎是你的複製品。

你會笑：「不可能，世界上沒有這種事情！」我同意你的說法，每個人都是獨立的個體，跟你再像，他都不是你，如果他是你，我也不會選擇他。不過他真的與你過於相似，除了長相以外，他的一切與你幾乎相同：跟你念的是同一個的科系，有著差不多的工作經歷，同樣的興趣，跟你有差不多的造型，背跟你差不多的包包，有跟你類似的家庭背景，像你那樣的拗脾氣，同樣的星座，同樣的血型，喜歡吃同樣的東西；跟你一樣，在同一個年紀為了另一個女人，拋棄了交往多年的女友；而我，當年是那個被你拋棄的女友，今天卻是那個讓他捨棄多年感情的女人。

不過我得告訴你，我愛上他，不是因為你。我甚至因為發現他與你的相似性，曾經拒他千里，最後抵不過老天安排的緣分與感情，我們終於走在了一起。

記得嗎？當年你拋棄我時，哭得像個做錯事的孩子，但你終究馬上回到那個女人的懷抱裡，用她的身體得到溫暖與救贖。我曾經懷疑，為什麼那個女人有辦法在你為了我崩潰之際，還能用身體來安慰你？而因為現在的他，我完全明白，原來那時候的你，是如此的脆弱，不堪一擊，要鼓起多大的勇氣，才能拋下平衡的過去，去接受結果未知的新戀情。原來當初的你跟現在的他，都是在冒一個險，只是當初我不幸的，被當作成就你人生中一只被犧牲掉的棋，用來賭你認為更幸福的未來。

現在我懂了，當初那個女人，看見了你選擇時所作下的犧牲，才能夠充滿憐惜的接納你，因為我也是，當他決心拋下交往穩定的女友，承受著對方惡毒的詛咒與責備，以及自己家人的不諒解，來到我面前，他像一塊透明的水晶，赤裸裸的攤在我眼前，稍微用力，他就要粉身碎骨，那時的他渴求著我的溫暖，要我的靈魂注入他的身體，再度給他生命。他沒有為我做什麼，他選擇的一切只是為了自己，而在那時，我是心甘情願，把自己也交給他。從那刻開始，他擁有了我部分的生命，而我成了他活著的維繫，我們成了一個共生體，不知道什麼時候會分離，也許有那麼一天，他會再度為了另一個女人而將我拋棄，那會是不知道多久後的以後了，目前我跟他看不見，也不想去臆測。

但我不敢告訴他，關於你的種種，我想，這世界上只有你，或是他。我想，像你們這樣如此相似的人，是不該存在於同一個空間裡。因此我央求你，從此必須離開我的生命。喔，是，你早已這樣做了。不過我得確保，你們此生都不會相遇，所以我才會在分手多年後的今天告訴你，是的，我有了一段新戀情。

不過，請你不要誤會，即使他讓我看清了當初你離開我時內心的掙扎，並不代表我原諒你。而原諒對你我來說，只存在於過去。事實上，你對我而言早就不重要，你犯的錯跟你說過的甜言蜜語，早就一起消失在時間的洪流裡。現在我看著他，我並不會想起你，我眼前只是那個愛我的男人。只有為他，我願意付出我的柔情。他是我的現在，我的幸福與快樂。

也許我不該說他是你的複製品，他更像是你的延續。有多少人告訴我，我此生不該錯過你。但時至如今，我才知道重要的根本不是你，因為你從來不是唯一。看看現在我身邊的男人，就算與你如此類似，我絲毫不覺得他哪裡不如你。他像把你身上優良基因放大，更值得我去疼惜。而他之所以比你優秀的原因，是我，因為我給過他部分我的生命。

所以，親愛的，你好嗎？我希望你現在跟那個女人過的幸福快樂，這樣的你會帶給我更大的信心，會讓我相信，我跟他終會有圓滿的生命。

真情，不浪漫

那些普通人愛玩的浪漫把戲，說不定不適合你。

那些充滿規矩的浪漫燭光晚餐，或是要求親友加入的求愛驚喜，
網路上流傳，是大家憧憬的浪漫，
但清粥小菜般的日常，反而能陪你度過每一日，
不鹹不淡，卻是無法想像沒有它的日子。
真情，何需誇飾的浪漫？
手牽著手，穩穩的走著，
這才是宇宙無敵的浪漫。

從大學的班對，走過兵役的分離，與踏入社會的轉變，瑤瑤跟男友感情早像老夫老妻，情人節也不再玩什麼燭光晚餐的浪漫花招了，乾脆約了個高價位燒肉店，至少雙方都愛，算乘機打牙祭。

當天中午，她先跟幾個好姊妹約好午餐。昂貴精緻的料理一道道端上，大家努力拍照、驚嘆連連，臉上堆滿幸福的笑容，偏偏小安就是心不在焉，不停檢查著手機。

「妳怎麼啦？」瑤瑤關切的問？

「沒……沒有啊！菜很好吃。」小安塞了兩口菜，勉強微笑。

「跟你們在一起吃飯真好，要跟那傢伙一起來，一定整頓飯都無言以對。」瑤瑤鬱鬱的說。

「哎呀，男人都這樣啦！味蕾沒有女人強，形容詞沒有女人多，我老公也是。」小萱已婚，更能理解這種狀況。

「我跟他在一起真的超久了耶！他說，很習慣我在他身邊，可我最近看到他就感覺人生就要這樣嵌著他、動也動不了，覺得好恐慌。」瑤瑤迅速的將盤中的點心掃完。

「不然妳要跟他分手？另外找人？唉唷，感情久了就是這樣，不要想太多，能安安穩穩過最重要！」小安說。

「但我的人生中就難道就沒有激情了嗎？我這陣子真有在想，是不是該跟他保持點距離。」

「什麼？」瑤瑤話沒說完，就被小安給打斷：「妳……想要離開他？」

「唉唷，沒啦，除了他沒人願意忍受我這個鬼脾氣！」瑤瑤揮揮手。掃完點心後，她豪氣的將紅茶一口飲盡。

同桌的兩個姊妹沒接話。瑤瑤抬頭，發現她們倆同時驚愕的看著她身後。這不打緊，因為盯著她背後看的人不只小萱跟小安，根本全餐廳的人都一臉訝異。於是瑤瑤一臉困惑、緩慢的轉過頭……

然後瑤瑤才知道，所謂「嚇得下巴掉下來」視什麼狀況：她張大了嘴，發不出聲，訝異的看著餐廳的玻璃窗外。她那交往十年、毫不浪漫的男友，居然跟幾個哥們，舉著貼滿玫瑰花的看板，上頭寫著：「瑤瑤，嫁給我！」

瑤瑤傻了，立即轉頭急促的命令兩個姊妹：「剛剛我說的，統統自動消滅！」

小萱跟小安猛點頭。

男友走到她面前，當著所有客人的面，單膝著地，奉上一枚鑽戒，微笑著說：「親愛的，交往這麼久，我已經習慣了有妳在我身邊，沒有妳，我真的不知道怎麼活下去，請妳將未來的生命交付給我，與我廝守終身吧？」

瑤瑤環顧著四周，每個人都面帶微笑的看著她，像是看一齣愛情喜劇，正期待著完美的結局。於是，瑤瑤轉向男友，雙手摀著臉，沒近看的人，會以為她感動的哭泣。她順著大眾的期待，收下戒指，擁抱著那個低姿態的男人，給大家一個完美的結局。

全場響起如雷的掌聲，大概只有小安跟小萱兩人，臉上帶著不知所措的微笑。

男友開車載著她回家，滿意的微笑著。

「怎樣？沒想到我也會有這麼浪漫的一招吧？我還請朋友替我拍下來，剪輯一下就可以上傳到網站！」

瑤瑤看著窗外，一語不發。

回到家，瑤瑤將外套跟包包一甩，從口袋裡拿出方才收下的求婚戒指，用力的放在桌上：「這戒指我剛沒套上，我也沒說『我願意』，剛那就算我給你面子，不准你朋友把影片放網路！」

他被嚇了一跳，驚嚇轉成了憤怒。

「妳這個人是怎樣啊？莫名其妙？」

「我莫名其妙？你才沒替我想吧？你怎麼知道我一定會答應？當著這麼多人的面前求婚，我可以說不嗎？這是綁架吧？」她語氣上揚，透露了壓抑許久的不滿。

「所以妳是怎樣？不想結婚就是了！」

「我沒說不想結婚，但我不喜歡那種求婚方式，我不想在許多人面前要猴戲給大家看，結不結婚是我們兩個人的事，要怎麼決定跟別人都沒關係！」

「那妳還一天到晚說我不浪漫！」

他吼完，將門重重一摔，憤怒離開。她則坐在客廳裡，為了降低憤怒，打開了電視機轉移注意力。

她不知道自己什麼時候睡著的。她在他輕聲的呼喚中醒來時，已經是傍晚。

「喂，燒肉預約時間快到了，別再睡了！」

她揉揉眼睛，看了時鐘，訝異自己居然在沙發上睡了一下午。於是趕緊起身梳理，他騎著車載著她前往預約的燒肉店。

他們安靜的烤肉、吃肉。因為下午的爭吵，兩人這頓飯沒說上一句話。直到上甜點的時候，他突然拿出那枚戒指，插在冰淇淋上頭。

「好啦，我們都住在一起這麼久了，跟我結婚啦！」他說完，臉轉向別處，像個害羞的男孩。

她看著那枚戒指，突然笑了。他看著她，一臉困惑。

「你早這樣不就得了，浪漫根本不是你的本性！」

她拿起那枚戒指，用紙巾擦乾淨後，套進自己的無名指。

吃完燒肉，他又載著她回家。坐在摩托車後座，瑤瑤雙手緊抱著她的腰。她其實一直覺得自己很幸福，即使他不浪漫也無所謂。

微型戀愛

在異鄉遇到的短暫愛戀，俗稱「豔遇」。
豔遇之所以迷人，是因為它只存在於那段有限的時間，
之所以不想延續，是怕像短片拍太長，
原本好好的一部片，反而拖棚了，
與其這樣，不如維持在這簡短的精巧上，
至少還可以讓人回味。

登機室廣播著她的名字，她慌張的拎著一只灰藍色丹寧包，裡頭放著證件、筆電和漫長飛行期間閱讀的小說，往登機門狂奔。終於到了座位，她將小說從包裡拿出，任意扔在座位上，鄰座的男乘客被驚擾了，抬頭望了一眼。她尷尬的致歉，他微笑表示沒關係。

她發現行李櫃裡有個跟自己一模一樣的包包，主人該不會就是他？

她其實討厭飛機，但這次隔壁是個風趣又興趣相投的紳士，她去旅行，他則是要返回工作崗位。在超過十小時的飛行時間裡，兩人醒著就聊天、或安靜的看著自己的書，毫不鬱悶。飛機降落後，男子說了聲再見，起身拿了包包離開，果然他就是另一個包包的主

人。她等他走遠後，才緩緩起身，已經說了再見，就不該在短時間內再見面，避免二度打招呼時的尷尬。

她將小說草草塞進包裡，轉盤上只剩幾件行李孤獨的等待主人認領，包括她那可憐兮兮的黑色行李箱。正當她想拿出證件通關時，才發現鄰居拿錯了包。她頭一抬，就見著那男子在她眼前，他笑說：「我就知道會再見面！」

他們交換了包，一起走到了機場出口。

這下子，是真的再見了吧？他們沒有互留聯絡方式，故作瀟灑的轉身，也許自己的影子還留在原地，偷窺對方有沒有回頭。

她遍尋不著自己的小說，這陣子她常丟三落四，或許被遺留在飛機上了？她習慣把自己的名片夾在書裡當書籤，也許撿到書的人會與她主動聯絡，讓失書回歸原主。而她很清楚自己期待的是什麼，但她強迫自己不能多想，過多的期待會帶來更大落空，而那感覺是寂寥的。

幾天後，她手機響起，一個陌生的當地號碼。她興奮顫抖著接起電話，對方是個令她想念的聲音：「我想，你還忘了個東西在我這。」

他們約在市區的咖啡廳，她早到了，於是寫起了筆記，等再回神，已過了約定時間許久，她發現對方坐在不遠處，點了杯咖啡望著她微笑。

「見你正專心寫作，就不想打擾你。」他說。

她笑了笑，「不就隨意亂寫，我可不是什麼女作家。」

他們交換了包包，卻沒想馬上離開，兩人漫無邊際的聊著，直到夜色降臨，他提議不如一起吃晚餐，然後四處走走，好盡盡地主之誼。

他們將包包寄在了咖啡館。

晚餐後，行經夜店門口，他拉起了她的手，說要再感受一次青春。在舞池裡，他們和著電音與閃動的燈光扭動身軀，那迷幻感融化了先前故作優雅的距離，她感受到彼此的身體，以及他眼底想要穿透自己的欲望，緊緊纏繞彼此，只感到肉身的靈魂，跳躍在另一個時空。他們迅速離開舞池，瘋狂擁吻，狂舞後汗水淋漓的身軀，毋需眷戀光天化日遵守的遊戲規則，他們希望——也已經——讓接下來的自己，只受到肉身欲望的控制。

他們把自己關進附近旅館的小房間裡，讓欲望領著肉體翻騰，靈魂暫且瑟縮角落。

天將破曉前，靈魂歸位時，他們凝視著對方，他問她名字？Jenny。他問她職業？作家。

他笑了，知道她在騙她。他問她感情關係，她說：「我們有必要了解彼此這麼深嗎？」

他點點頭，繼續與她溫柔纏綿。

他們一起回到咖啡館，他替她點了一杯咖啡，順便領出了他們的包包。他們仔細的檢查，確認沒再弄錯。真正道別時，她只對他微笑，沒有握手，也沒有親吻。

她沒跟別人提起過這件事，總覺得自己談了一場微型戀愛，即使這與奇情大愛相比，頂多像根溫柔的羽毛在掌心稍作停留，風一吹就飛遠了，但誰規定愛情一定要是偉大的呢？

她聽說，電影《愛在黎明破曉前》的那對情侶，最近終於有了完結篇，她常想這兩人的對手戲拖棚了十幾年，到底算是幸還不幸？她手機裡還存著那男人的電話號碼，她也還在這個城市裡，只不過，她還沒決定好，是否要提前結束這城市的停留，前往下一個目的地，總之她沒想把自己託付給這樣的小浪漫，她能處理自己，雖然獨自一人，但歲月流轉至今，能有這樣的自由，她只想珍惜。

來自未來的女孩

如果，愛情有一個可預期的未來，我們是不是會更勇敢？

「有需要的話，可以來找我，我在這個地方等你。」

我腦中浮現了他說這話時，看著我既溫柔又堅定的神情。

而十九歲的他在這個時空裡，或許是我唯一的目的地。

酒吧裡，身旁的男人跟我說起他的初戀，是一個來自未來的女孩。

「來自未來的女孩？」那男人看來都四十好幾了，我看是煩了家庭，想出來開葷的。

「我就知道你不相信。」那男人的眼神有點落寞。突然，我想聽聽關於那個未來女孩的事。

他喝了口面前的飲料，對我娓娓道來——

那年，他十九歲，在錄影帶店打工。一天中午，他邊吃著麵邊看著《似曾相識》，突然進來一個詭異的女孩，在錄影帶架間穿梭，張大眼睛翻找著架上錄影帶，有時會像如獲珍寶般，拿起來觀賞玩味。

他死盯著那女孩——說不定她就是那個偷帶賊。最近有不少影帶失竊，該不會就是這個女的吧？只是，他越盯著她看，越不覺得她像個賊。那女孩散發著一股特殊的氣息，不是叛逆，像是擁有很不一樣的經歷，使她獨特。她轉頭看了看他，猶豫了一會兒，才走到他面前，緩慢的開口。

「請問——今年是西元幾年啊？」女孩問。

「啊？」他當然不是不知道答案，只是這問題未免也太出人意料。「我這裡是錄影帶出租店耶！」

女孩居然翻了個白眼。

「我知道，我是問你今年西元幾年？」

「一九八八年。」他不開心，現在反倒是他成了答非所問的大笨蛋。

女孩睜大了眼，一臉訝異，點頭致謝後，轉身回到貨架之間，沿著通道低著頭走著，像是在思考。以往他要是在店裡遇上怪人，絕對毫不留情的趕出去。然而那天，他卻楞楞的看著那女孩，不知所措。

女孩突然停下腳步，抬起頭，深吸了口氣，緩緩的將視線放在他身上，溫柔的向他走來。

「我問你啊，你們這兒……缺人嗎？」她問。

「缺人？」

他很希望有，但是這是他舅舅的店，當初他拒絕聯考逃家，舅舅好心收留他，交換條件就是全職顧店，這樣他就不必花錢另請員工，只要負擔他食宿即可。

「沒有。」

他拒絕她時，心情居然有點沮喪。女孩倒像是早就料到這種結果，聳聳肩，轉身離開。她離開的當下，他就後悔了，反正他舅舅人在外地，根本很少回來，扯個謊收留她，又有誰會知道？

幸運的是，隔天中午，那個女孩又來找他，說是來蹭個飯，聊聊天。之後她每天中午都來找他，一起吃飯、看影片、聊天。他一個人顧店，有個美女來陪他也挺愜意的，反正多張嘴吃飯也沒多少飯錢。他發現女孩每天都穿一樣的衣服，而且都在同一個時間抵達店裡，他忍不住問她到底是做什麼的，怎麼每天都有辦法出來瞎混？

「我偷偷跟你說喔，」女孩湊近了他的耳朵邊，讓他心頭一陣悸動。「我啊，是從未來來的！」

「未來？」他忍不住大笑。

女孩倒是相當嚴肅。他的笑引起了她的怒意。

「我是說真的！我在這裡無依無靠，只好每天中午來這兒找你討飯吃，如果你不收留我，我也不知道能怎麼辦。」

他這會兒可笑不出來了。她那失望的表情，讓他幾乎都要相信她了。但是，這怎麼可能呢？穿梭時空這種事只在電影裡有，他雖然愛看電影，但可分得清什麼是現實人生。那時他其實更想知道，她為何穿梭了大老遠的時空，卻只來找他收留？不過他終究只敢問出最基本的問題。

「穿梭時空？所以你哪一年的啊？」

「二〇一二。」

「二〇一二年！」他嚇到了。今年是一九八八，二〇一二年的他，都四十多了！

「二〇一二年……世界有什麼不同啊？」他問。這次是真的出於好奇心。

女孩笑著告訴他，那時候，電視變得很薄、電影銀幕變得很大、電腦變成電器、電話可以帶著走，還可以當相機，再也沒人沖相片，一切「數位化」，收在機器裡，萬一這世界沒電了，一切的回憶也將消失。

「而且二〇一二年，據說是世界末日，」她對他說：「十二月二十一日，就這幾天了。」

女孩的笑容消失，茫然望著遠方，她說的世界末日日期，他現在根本無從想像。現在可是夏日盛暑，就連月分都對不上。

「騙人的吧？」他說的其實是女孩騙人。但女孩似乎沒有理解到他的本意，自顧自回答：「我也希望是騙人的，我很怕我之後就回不去了。」

這感覺像是一齣科幻片，但是對女孩而言，似乎就是現實。於是他繼續問：「那你怎麼來的？」

女孩轉過頭，一臉茫然。

「我也不知道，我被車撞了，醒來我就在這兒了！」

女孩說，二〇一二年的她，三十二歲，沒工作沒房沒車沒男人的失敗者，連晚上出門散心都能出車禍。出事後她就到了這個年代，過上一天，晚上十二點一到，又會像灰姑娘般，自動回到二〇一二年車禍隔天——也就是世界末日的那一天——在病床清醒的那一刻，等到當晚她睡著，又回到這個年代。她就在兩個時代中來來去去，不知最後會在哪兒停留，如何停止。

她的生命在現實裡停滯了，只能在這不熟悉的時空，才有機會前進。而她後來才想起，其實之前有人提醒過她。

「那我呢？二〇一二年的我，是什麼樣子」他問。

她停了好一會兒才回答：「我不認識你。」

「說得跟真的一樣！」我看著酒吧前的這個男人，他的故事其實挺吸引人的，就算是瞎掰出來的，也算是有點創意。

這位大叔似乎對故事裡這個未來女孩深深著迷。他說，後來他們每天相聚，也有了感情。直到有一天，錄影帶店被迫結束營業，無處可去的他，一點都不想回到台北的家，面對惱人的聯考。他也深怕沒有了錄影帶店，自己就再也見不到女孩了。徬徨的他告訴女孩，要是二〇一二年，世界末日真的來了，那她就跟他一起留在這兒，就做自己想做的事，過自己想過的生活。

他記得當時，女孩看著激動的他，反倒相當冷靜。她交給了他一張卡片，要他收好。

「如果我消失了，要記得到未來找我！」

那張卡片上頭有個地址，跟一串西洋文，像個洋派的店名。

那時他還無法理解她的用意，心裡唯一的想法只有不能讓她消失，他要跟她守在一起，就算是回到二〇一二年，一起迎接世界末日也罷。他硬把她拉上了摩托車，載著她往前衝，邊騎著車，嘴裡不停重覆著：「妳不會消失，如果妳要走，就帶我一起走。」總有一天，她不需要在午夜離開，她會永遠停留在他身邊，他們一起的日子，肯定會很美好，不管會不會結婚生子，但總之可以做著自己想做的事，過自己想過的日子——

車子突然打滑了，他們重摔在地。躺在地上的他，奮力張開眼睛，透過模糊的視線，他見到鮮血從她額頭流下。她用盡力氣告訴他：「世界末日前，記得來找我！」

這是她對他說的最後一句話。之後，他就閉上了眼，失去了意識。等到他再醒來，就再也沒有那個女孩的下落，所有人都告訴他，車禍的現場只有他，並沒有什麼女孩。

復原出院後，他不死心的到了店裡等過幾次，每次他都期盼著她會出現在巷子底，微笑著向他走來，告訴她其實只是到了別處晃了幾天，她沒消失，也沒忘了他。可是，她再也沒出現過，所有人都笑他，好心的人會勸他，說她不過是個逃家少女，要他別對她認真。他突然覺得，身邊一切的美好，都虛幻而短暫，自己所堅持的一切，最後必然全是枉然。於是他跟著家人回到了台北，依循著大家的期望，補習、唸書、聯考、上大學、找工作、娶妻生子，平順安穩到今日。

「今年是二〇一二年耶！」我提醒他，他點點頭。

「而且明天就是世界末日了。」他說。

抬頭看著吧台前的電視，這陣子不管轉到哪台都在討論世界末日。

「那你應該去找她啊！她有跟你說去哪裡找嗎？」他也點頭。突然他問了：「你今年幾歲？」

「我啊，三十二。」說完我才想到，自己居然報上了真實的歲數。

然後他拿了這家店的名片，翻到背面，抄了個地址遞給我。

「有需要的話，可以來找我，我在這個地方等你。」

我懂了。把妹嘛！以為這樣我就會自動送上門嗎？我不以為然、搖搖手跟他說：「大叔，這樣把妹還挺高招的，但小姐我可不吃這套。」

怎知道這位大叔被拒絕不但不生氣，還企圖跟我講道理。

「人生很多事很難講，我不是想把妳，而是……」他像是把到嘴邊的話給硬塞了回去，而是什麼？我看著他，張大了雙眼，挑釁的想要跟他要個解釋，然而他卻什麼都不說，低頭沉思了一會兒，把名片塞進我口袋裡。

「妳就拿著吧！」

大叔轉身，拿起面前的飲料——這把年紀的男人喝的不是什麼成熟的飲料，而是簡單的薑汁汽水——他用吸管吸了一大口，卻被汽給嗆得狼狽。我看著他，搖搖頭，將眼前的酒一飲而盡，轉身離開。

走在路上，我邊想著：雖然只是個想把妹的大叔，但其實他說的那故事還挺感人的。如果他說的是真的，難道他就真惦記著那女孩二十多年？即便結了婚、生了子，他的心裡依然有她？雖然對他老婆有點不公平，但那女孩還真幸福呢！這能算是真愛嗎？只是還真巧，我跟故事裡的女孩一樣，今年也是三十二——等等，我也沒工作沒車沒房沒男人啊！那女孩跟我還真吻合，只不過都三十二歲了，還能算是女孩嗎？——

我專心思考著大叔的故事，那個來自未來的女孩與我驚人的相似度時，一台黃色麵包車疾駛向我，速度快得我來不及閃身……。

再醒來時，感覺很奇怪，空氣、陽光，都變得不太熟悉，甚至連身體都感覺不同，像是變年輕了？

這是什麼地方？

我想起了大叔說的故事，該不會——不會吧？

我迅速的翻了口袋，尋找那張他塞給我的名片——幸好他堅持塞給我，難到他早就知道了這一切？他又是怎麼得知的呢？——我翻向背面，看到了那個地址——

「有需要的話，可以來找我，我在這個地方等你。」

我腦中浮現了他說這話時，看著我既溫柔又堅定的神情。

而十九歲的他在這個時空裡，或許是我唯一的目的地。

後記：我在乎的，是故事

二〇一二年，在我結束了一個讓人身心疲憊電影行銷案之後，利用了上半年的時間，在花東、泰北還有西藏，整整旅行了半年之久。有人會把這當成人生中的一次壯遊，而壯遊結束之後，肯定會對人生帶來什麼改變。只是對我來說，這長達半年的旅行，除了讓我看清自己是城市人的本質之外，就人生而言，並沒有太大的改變。

回到台北，我依然面對一樣的問題：暫時不想回到跟以前同性質的工作，又不知道可以有什麼突破。對一個年過三十的女人來說，這可不是好應付的狀況。

我回到了父母家，花了點時間，收拾了我那張用了整個求學階段的書桌，赫然在抽屜底下發現了一本樣式有點過時的筆記本。翻開一看，才知道那居然是我小學三年級時所寫的愛情小說！

是的，我居然從十歲就開始幻想愛情，想起來還挺驚人的，自己有什麼權利說現在小孩子十歲就交男女朋友叫早熟呢？——當然，那些用扭曲字體寫下的劣作，淨是一些慘不忍睹的奇想，根本毫無閱讀價值。然而，卻因此掀開了之前我不願正視的寫作欲望。

寫作是一條緩慢而孤單的道路，走在路上能夠陪伴的人只有自己，以及腦子裡創造出來得人物，沒人能理解你的孤獨與困境，當然，也很難用寫作去攢到什麼名聲與金錢。或許由我來寫上面這段文字會有點可笑，因為自己畢竟不是什麼知名文學家，而要講到什麼寫作的孤獨與感傷，似乎只有具有身分地位的人才有這項權利。

從部落格開始發展的時期，我就開始在網路上發表文章，筆名從凱妹、ＫＫ、到今天的「劉凱西」，文章的內容大多是電影相關評論，有時是簡單的生活有感，還有幾篇則是愛情相關的極短篇。那本抽屜底層翻出來的記憶，讓我感覺自己或許得開始面對內心所謂的「寫作欲望」。於是二〇一二年六月的某一個晚上，我跟好友維納絲在光點台北附近的一家泰國餐廳，她很認真的傾聽我對未來的焦慮，我問了她：「你覺得我有可能靠寫作維生嗎？」

沒想到她居然回答：「當然可以啊！」她馬上把我介紹給所認識的編輯。那年七月，我開始了在自由時報撰寫兩性專欄，並且姊妹淘擔任合作作家之路。

寫作至今，已經超過了三年的時間。這段時間裡，除非出國旅行，否則我恪守著每週準時交稿、絕不拖稿的習慣。我並非文學科班出身，坦白說自己因為受到僵硬刻板的國文教學荼毒，一直到二十七歲才有辦法完整讀完一本小說——《達文西密碼》——在此之前，文字對我而言像是密碼一樣需要釋意、解讀，而文字所陳述的「故事」卻被文字給擋在了前頭，讓我絲毫無法體會、感受。

我自知自己所寫的文章，距離所謂的「文學」相當遙遠。而在寫作的兩年半之中，我也遇過不少讓人難以理解的「批評」：「你寫這些東西，敢說自己是作家嗎？」、「你明明很有料，為什麼都要寫『這種』文章？」、「我只喜歡看你『有料』的文章。」這些話對我而言未必是批判，有時像是恭維，但總是讓我相當忐忑。

的確，我寫的東西，可以是冷僻的電影專文，也可以親民的愛情故事。這些文字對我而言，都具有相同的重量。或許所謂的「兩性文章」沒有高段的形容或辭藻，但不代表這是俗氣。我曾經為此而感到憤怒，為何人們要以如此表面的方式，去論文字的高下，好比死心眼的認為好萊塢賣座鉅片，比不上影展得獎的藝術影片一樣的觀念淺薄。然而我後來才發現，別人如何評、怎麼論都無須在意，因為我所在意的從來都不是文學，我甚至至一輩子都寫不出真正的「文學」，我在意的是「故事」，讓人能夠瞭解的故事，讓更多人感受的故事。

《幸福的起點：一個人，不寂寞》這本書裡的文章，大多是我在二〇一二年及二〇一三年之間，於自由時報兩性異言堂的「愛瘋迷」專欄中所選出的文章，這個時期的文章大多是愛情小說極短篇，其中有些當初因為礙於版面字數限制，刪減了許多細節，如今也盡量加上。此外，還有幾篇是從未發表過的故事。這些故事的靈感來源，有的是朋友的親身經歷、有的是報章媒體的報導、有的則是單純出自我個人的奇想。然而不管靈感從何而來，這些文章在我眼中，都具有相同的重量，文中的每個角色、人物，都在我寫作的當下，曾經活靈活現的存在過。而我也相信，這些事情，應該也在世界的某個角落曾經發生過，而且不只一次。

最後，我要感謝開啟我寫作之路的好友維納絲，沒有她或許今天我都還沒開始寫作；還有電影圈的祖媽張鳳美，感謝她不計輩分一路支持；還有自由時報兩性異言堂的甘麗梅總編，姊妹淘網站歷任編輯，電影監製葉如芬一直以來鼓勵我繼續寫作，還有我的父母，以及提供我故事靈感、讀我文章、替我按讚轉貼增加點閱率的好友們，幸好有你們，我才都不好意思不努力了。還有，得感謝十歲的我，還好當年知道要寫下那些不成熟的故事，還羞得把筆記本藏在抽屜最底層，讓二十多年後的我翻撿出來，開啟了寫作的動機。

幸福的起點：一個人，不寂寞

作　　者／劉凱西
封面設計／方麗卿
企畫選書人／賈俊國

總 編 輯／賈俊國
副總編輯／蘇士尹
行銷企畫／張莉榮・廖可筠

發 行 人／何飛鵬
出　　版／布克文化出版事業部
台北市中山區民生東路二段141號8樓
電話：(02)2500-7008　傳真：(02)2502-7676
Email：sbooker.service@cite.com.tw
發　　行／英屬蓋曼群島商家庭傳媒股份有限公司城邦分公司
台北市中山區民生東路二段141號2樓
書虫客服服務專線：(02)2500-7718；2500-7719
24小時傳真專線：(02)2500-1990；2500-1991
劃撥帳號：19863813；戶名：書虫股份有限公司
讀者服務信箱：service@readingclub.com.tw
香港發行所／城邦（香港）出版集團有限公司
香港灣仔駱克道193號東超商業中心1樓
電話：+852-2508-6231　　傳真：+852-2578-9337
Email：hkcite@biznetvigator.com
馬新發行所／城邦（馬新）出版集團 Cité (M) Sdn. Bhd.
41, Jalan Radin Anum, Bandar Baru Sri Petaling,
57000 Kuala Lumpur, Malaysia
電話：+603- 9057-8822　　傳真：+603- 9057-6622
Email：cite@cite.com.my
印　　刷／卡樂彩色製版印刷有限公司
初　　版／2015年（民104）10月
初版2.5刷／2015年（民104）10月5日
售　　價／280元

城邦讀書花園 www.cite.com.tw　布克文化 WWW.SBOOKER.COM.TW

幸福的起點：
一個人，不寂寞

SPOT
Café
光點珈琲時光
SPOT Café Lumière

嶼讀書房

幸福的起點：
一個人，不寂寞

憑本券至光點珈琲時光華山店，

單人消費享8折優惠

使用條件：

1. 本券限單人使用。
2. 需遵守店內最低消費規定。
3. 使用者需坐吧台座。
4. 本券限用一次，請於結帳前出示，於結帳時由店家收回。
5. 本券不得與其他行銷優惠/套餐優惠合併使用。
6. 本券經影印、翻拍、塗改、汙損至無法辨識者，視為無效。
7. 使用期限至104年12月31日止，逾期無效。

光點珈琲時光華山店

地址：台北市中正區八德路一段一號（中六電影館）

電話：（02）2394-0670

憑本券一人前往嶼讀書房，

可享輕食、飲料10元優惠

1. 本券限對單一品項使用一次，請於結帳前出示，結帳時由店家收回。
2. 使用期限至104年12月31日止，逾期不得折抵現金或更換其他優惠使用。
3. 本券經影印、翻拍、塗改、汙損至無法辨識者，視為無效。
4. 本券不得與其他優惠活動合併使用。
5. 使用本券時仍需遵守店家消費規定。對使用方式有疑慮時，依店家解釋為準。

嶼讀書房

地址：新北市永和區仁愛路266號

電話：（02）2231-9493

幸福的起點：
一個人，不寂寞

幸福的起點：
一個人，不寂寞

憑本券至聽見幸福musiKaffee，
可享餐飲折價35元優惠

使用條件：
1. 需遵守店內最低消費規定。
2. 本券限用一次，請於結帳前出示，於結帳時由店家收回。
3. 本券不得與其他行銷優惠／套餐優惠合併使用。
4. 本券經影印、翻拍、塗改、汙損至無法辨識者，視為無效。
5. 使用期限至104年12月31日止，逾期無效。
6. 本券於「幸福的起點：一個人，我不寂寞」作者簽書座談會當日活動期間不得使用。

聽見幸福musiKaffee誠品松菸店
地址：台北市信義區菸廠路88號（誠品松菸店2樓）
電話：（02）6636-6688分機1610

MUSIKAFFEE

憑本券至聽見幸福musiKaffee誠品松菸店 ，
購買店內餐飲類外其他商品，享95折優惠

使用條件：
1. 本券限用一次，請於結帳前出示，於結帳時由店家收回。
2. 本券不得與其他行銷優惠合併使用。
3. 本券經影印、翻拍、塗改、汙損至無法辨識者，視為無效。
4. 使用期限至104年12月31日止，逾期無效。

聽見幸福musiKaffee誠品松菸店
地址：台北市信義區菸廠路88號（誠品松菸店2樓）
電話：（02）6636-6688分機1610

MUSIKAFFEE

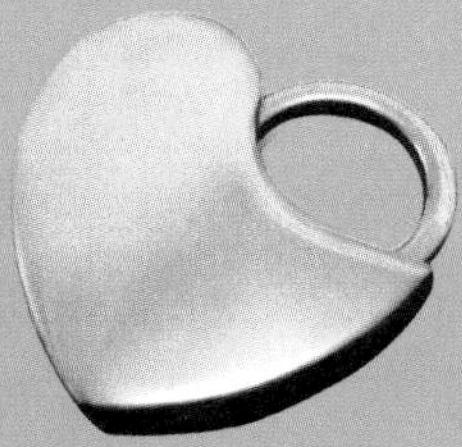